英語の母音を
ひらがな **5** つで完全攻略!

# あいうえお
# フォニックス

［著］スーパーファジー

JN115075

# フォニックスってなに？

不死鳥のフェニックス（英語ではフィーニックス）は phoenix と書くけど、英語では、このように oe と書いて「いー」と発音することがあるんだ（たとえば、アメーバは amoeba と書いて、アミーバって読むよ）。

「いー」という音は、日本語で書くと「いー」と「イー」の２とおりしかないけど、英語では、e, ea, ae, i, ee, ei, ie, ey, ui, ei, oe, y……っていうように、いろいろな書きかたがあるんだ。

 そんなにたくさんあったら、覚えられないね。

 そうだよね。だから、すこしでもスペリングを覚えやすくするために、よく使う単語のつづりと音をセットにしたのが、フォニックスなんだ。

 と言っても、みんな最初はピンとこないと思うから、フォニックスのことがよくわかるクイズを出すよ！

 あ、わたし、知ってるよ！

 そうだね。ar は、car とか、far とか、あかるい「あー」っていう音になるよね。

 stir は「かきまぜる」という意味の単語だけど、ir があると、ついローマ字風に「いぁ」と読んで、「スティア」って発音したくなるよね。
でも、じつは、ir はくらい「あー」と読むので、「スター」と発音するんだよ。

 ir が、くらい「あー」？

ir で、くらい「あー」の発音になる単語は、このほかにもいっぱいあるんだ。だから、ir= くらい「あー」というように、セットにして覚えてしまうと、かんたんだよ。

 たしかに、first も girl も bird も、ir は、くらい「あー」みたいな、あいまいな音だね！

そう。こんなふうに、英語のスペリングと音は、不規則なようでいて、じつはセットになっていることが多いんだ。たとえば、みんな発音が苦手な word, work, world の or も、ぜんぶ同じ、くらい「あー」の音だよ。

 ir も or も、同じ音なの !?

うん。つづりがちがうから、ちがう音だと思っている人が多いけど、ir、ur、er、そして w のあとにつく or などは、どれも同じ音だよ。

このように、『あいうえおフォニックス』では、英語の母音にとくに注目して、英語のスペリングと音をセットにして練習するよ。だから、英語の発音がうまくなるだけじゃなくて、英語のつづりも一緒に覚えられて、便利だよ！

## 英語圏では、言葉の学びはじめにフォニックスを習う

アメリカでは、多くの地域で、幼稚園の年長から小学1、2年生のあいだに、単語のスペリングと発音とを結びつけるフォニックスを学びます。そのときは、同じ子音ではじまる言葉（book, boat, bed など）や、同じ母音の言葉（sun, mud, bus など）のように、つづりの似た単語をグループにして、音とスペリングを一緒に覚えるトレーニングをたくさんします。

フォニックスの学習のなかで、私がとくに注目したのが、母音です。

日本では、英語より先にローマ字を習うので、英単語をローマ字読みで覚えるくせがついてしまった人も多いと思います。子音の発音は、ローマ字読みとあまり変わらないので、なんとかなりますが、母音の発音となると、大きなズレが生じることがよくあります。

さすがに、bus を「ブス」と読む人はいないと思いますが、warning を「ワーニング」、launch を「ラウンチ」、allow を「アロゥ」と発音する人は、めずらしくありません。tout（アピールする、という意味。「タゥト」と読む）や、fir（モミの木）、fur（毛皮）（どちらも「ファー」と読む）になると、つづりをパッと見てすぐに発音できる人は、どのくらいいるでしょうか？アメリカの小学生は、これらの読みかたをまちがえません。それは、どの単語もフォニックスで習う基本の発音だからです。

どんなに英単語のつづりを知っていても、「母音」の発音がちがっていたら通じません。stir を「スティア」と発音してしまうと、steer（操縦する）のことかとかんちがいされてしまいます。逆に、母音の音さえまちがえなければ、warning を「ウォーニング」、launch を「ローンチ」、allow を「アラゥ」と日本語なまりで言っても、十分に通じます。英語で大事なのは、第1アクセントの音。母音の発音に自信をもって、第1アクセントをしっかり強調すれば、英語はちゃんと通じるのです。

# 「正しい」発音はない。でも「通じる」発音のしかたはある

英語でコミュニケーションするときに大切なことは、いかにかんたんに、タイムリーに発言するかということです。どんなに完ぺきな発音でも、1つ1つの単語をぶつ切れで話しては、スムーズな会話になりません。なまっていてもいいので、英語がさっと口から出ないといけないのです。

この本では、「**英語のつづりと音を、頭の中でしっかりリンクさせる方法**」を提案しています。とくに、英語の発音の要である「**母音**」に注目して、基本的な英語の母音を、まちがえずに発音できるよう、「あいうえお」で表記しています。英語の発音は「日本語の発音とかけ離れた、なにかむずかしいもの」と思っている人もいるかと思いますが、そんなことはありません。大事なのは、日頃慣れ親しんだ日本語の「あいうえお」を発音するように、力まずに、自信をもって発音することなのです。

ブリティッシュ・カウンシルは、2020年に英語を話す人、または英語を話す勉強をしている人は20億人に達する、と予測しています。その一方で、英語を第一言語として話す人口は、4億人を切っています。ということは、現在英語を話す人の5人のうち4人、じつに80％が、英語を外国語として話している、ということになります。 いま世界で話されている英語は、すでにいろいろな国のなまりの入った、カラフルなものになっているのです。

日本で生まれ育った人が話す英語に、日本語なまりがあるのはあたりまえのこと。みんな、なまりよりも、あなたが何を話すのかということのほうに興味があります。 しかも、あなたが英語で会話する相手は、ネイティブとはかぎらないのです。世界中どこに行っても「通じる」発音を、自分がすぐに使える道具として、できるだけかんたんに、身につけたいと思いませんか。

『あいうえおフォニックス』には、

 ＊自信をもって「通じる」英語が話せる
 ＊相手の英語も聞きとれるようになる（＝話せる英語は聞きとれる）
 ＊英語のスペリングが覚えやすくなる

というメリットがあります。

もう、モゴモゴとごまかすように発音したり、英語の「正しい」発音にこだわって、迷いながら話したりするのはおしまいです。アリーとファジーと一緒に『あいうえおフォニックス』を学び、自信をもって自分の思いを英語にしましょう。

スーパーファジー

# あいうえおフォニックス別もくじ

| | | | |
|---|---|---|---|
| う<br>oo | うー<br>oo | ゆー うー<br>ew | ゆー うー<br>u ue |
| P.94 | P.98 | P.102 | P.105 |

| | | |
|---|---|---|
| え<br>e ea | えぁ<br>air are | えぃ<br>a |
| P.108 | P.111 | P.115 |

| | | |
|---|---|---|
| えぃ<br>ai ay | えぃ<br>eigh | お<br>o |
| P.118 | P.122 | P.124 |

| | | | |
|---|---|---|---|
| おー<br>or | おー<br>au | おー<br>aw | おー(る)<br>all |
| P.128 | P.130 | P.132 | P.135 |

| | | | |
|---|---|---|---|
| おぃ<br>oi oy | おぅ<br>o | おぅ<br>oa | おぅ<br>ow |
| P.139 | P.141 | P.144 | P.146 |

# 本書もくじ

# 本書の使いかた

## この本は、大きくわけて2つの部分からできています ‥‥‥‥‥‥‥

* 英語の母音に注目して、あかるい「あ」(a) から、「おぅ」(ow) まで、あいうえお順に説明しているページ……P.14 ～ P.146
* 英語の音節やストレス（アクセント）、また知っていると便利なフォニックスのおまけ知識を集めたページ……P.148 ～ P.188

## 母音のフォニックスのページについて ‥‥‥‥‥‥‥‥‥‥‥‥‥

### ❶ 発音のしかた

一番大切なのは、リラックスして声を出してみること。だいたいは、日本語の「あいうえお」のように発音しても通じます。発音記号は、辞書によっても表記がちがうことがあるので、参考としてお考えください。

まちがえやすいポイントに注意すると（たとえば、a は「えー」じゃなくて「えぃ」と発音する、など）、もっと「通じる」英語になりますよ。

❷ その音が、どういうスペリングになるのか、よくあるスペリングごとにまとめています。

## あかるい「あ」: a ★★★

見出しバーについている★の数は、難易度の目安です。★1つは、初心者がまず覚えたいフォニックス。★2つは、そのあとに覚えるといいフォニックス。★3つは、とくに発音に注意したい人、発音のことをもっと知りたい人向けの内容になっています。

❸ フォニックスのカード
動画のなかで発音練習している単語を、カードにしました。

hat
ぼうし

❹ 動画でチェック

### 動画でチェック

  **あかるい「あ」a のフォニックス**

英語の「あ」の音は2つあるんだ。まずは、あかるい「あ」を見てみよう！

QRコードで、YouTube の動画を見ることができます。バイリンガルのアリー、ファジーと一緒に発音を練習してみましょう。

※スマートフォンで QR コードを読みとる方法は、機種によって異なりますので、それぞれでご確認ください。

❺そのあとに、スーパーファジーによる解説がついていることがあります。フォニックスの参考にしてください。

> ● あかるい「あ」の発音は、日本語の「あ」の音でも十分通じるので、まずは自信をもって、大きな声で発音してみましょう！　現地に住むのでなければ、無理にアメリカ風や、イギリス風にしなくても大丈夫です。

## あいうえおフォニックス、どこから勉強する？ . . . . . . . . . . . . . . . . . . . . . . . . . . . . . . . . . . .

基本的に、ご自分の気になるところ、好きなところから読み進めるのでかまいません。★の数を参考に、基礎的なフォニックスからスタートしてもいいし、自分の苦手な発音からスタートするのでもいいです。

中学生以上の方は、覚えまちがいや、知らないフォニックスがないか、できるだけぜんぶに目を通すようにしてください。覚える順番はとくにありません。

大人の方の英語学び直しには、後半の、英語の音節や弱母音のページを読んでから、フォニックスを見直すのも効果的だと思います。意外に知らないフォニックス、覚えまちがえている発音があるはずです。とくに、ローマ字と発音がちがう

> くらい「あ」　u
> 「あぅ」　ou、ow
> 「おー」　au、aw
> w で始まる単語の読みかた

などに注意してください。

## 英語の早期教育を考えていらっしゃる親御さんへ . . . . . . . . . . . . . . . . . . . . . . . . . . . . . . .

まずは、お子さまと一緒に動画を見て、英語の音に耳を慣らし、一緒に発音してみましょう。フォニックスカードで「これは、どんな発音だったかな？」とクイズを出してもいいと思います。大人にはむずかしいと思う音も、子どもはあっさりとコピーできることがあります。とにかく、どんどん英語の音を聞き、「まねするのが楽しい」と思ってもらうことが大切です。

逆に、おすすめできないのは、正しいスペリングで単語が書けるか、すぐにテストしようとすることです。アメリカでも、小学校（とくに低学年）では、スペリングの正確さは重視しません。それよりも、まず英語で表現することの楽しさをわかってほしいからです。最初から、ここがちがう、あそこがちがう、とスペリングを直すと、表現したい気持ちがしぼんでしまいかねません。まちがったスペリングをしていても、ちゃんと発音できているときは、（直したいと思う気持ちをぐっとこらえて）大目に見てあげましょう。スペリングは、あとからでも学習できるので、とくに幼児期には、英語の音を聞きとる耳をつくること、発音するのを楽しむことを優先してあげてください。

# あかるい「あ」
## a
### [æ]

## 発音のしかた

口をしっかり横に開いて、大きな口で「あ」と言おう。

「あはは」って笑ったときの口の形を、イメージしてね。

## あかるい「あ」：a　

 『あいうえおフィニックス』最初の発音は、a＝あかるい「あ」の音だよ。
a の音は、アメリカ、イギリス、オーストラリア、インドなど、それぞれの国ですこしずつちがうよ。だから、あまりむずかしく考えないで、まずは気らくに「あ」って言ってみよう！

 そう言われてみれば、英語って、いろんな国の人が話してるもんね。

 たとえば、hand（手）も、アメリカとイギリスではこんなにちがうよ。

 日本語であいうえおって言うときの「あ」でも、通じるかな？

 もちろん！　日本で生まれ育った人には、「日本語なまり」があってあたりまえ。英語のネイティブだって、みんな土地ごとのなまりがあるからね。
ちなみに、ぼくたちは、ロサンゼルスのなまりだよ！

それじゃあ、あかるい「あ」が入っている単語を見てみよう！

**hat**
ぼうし

**cat**
ねこ

**fat**
ふとった

**fan**
扇風機

**pan**
フライパン

**man**
男の人

**bag**
ふくろ

**flag**
はた

**wag**
しっぽをふる

**bad**
悪い

**sad**
悲しい

**dad**
パパ

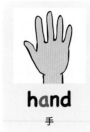
**hand**
手

**land**
地面

**sand**
砂

動画でチェック

## あかるい「あ」a のフォニックス

英語の「あ」の音は2つあるんだ。まずは、あかるい「あ」を見てみよう！

● あかるい「あ」の発音は、日本語の「あ」の音でも十分通じるので、まずは自信をもって、大きな声で発音してみましょう！　現地に住むのでなければ、無理にアメリカ風や、イギリス風にしなくても大丈夫です。

● 単語の発音を聞いてみたいときには、オンラインの辞書がおすすめです。たとえば、『Cambridge Dictionary』なら、イギリスとアメリカの発音をくらべて聞くことができます。

● アメリカとイギリスで、a の音がはっきりちがうのは、and, hand, sand, stand, expand, understand のように、a のあとに nd がつづくとき。
アメリカでは口を横に引っぱって「ェア〜ンド、ヘア〜ンド、セア〜ンド……」のように発音することが多いですが、イギリスでは日本語の「あ」に近い音で「アンド、ハンド、サンド……」と発音します。

● また、イギリスでは、quality, quarrel, quantity などの qua を「クォ」、want, wasp, watch の wa を「ウォ」と発音しますが、アメリカでは、もうちょっと「あ」に近い「お」の音になります。

● land は、地面・土地という意味のほかにも、飛行機が着陸するという意味にも使います。

あかるい「あ」

い

う

え

お

# くらい「あ」

## u o oo ou

### [ʌ]

## 発音のしかた

口はあまり開けないで、ほっぺたの力を抜いて、「あ」と言おう。 あかるい「あ」の音にくらべると、短くて弱い音だよ。

くらい「あ」を発音するとき、ほっぺたをさわってみよう。やわらかくリラックスしてるかな？

## くらい「あ」：u

 uを見ると、ついつい「う」って読みたくなっちゃうね。

 そうだね。でも、ローマ字読みはいったん忘れて、u＝くらい「あ」と覚えよう！

くらい「あ」って
なに？

しいて言うなら
「**脱力系**」かな

ぜんぜん
わかりません

くつしたに
あなが
あいてて…

あ

トイレットペーパーが
なくて…

あ

つづく

 u＝くらい「あ」と発音する単語は、日本でもカタカナ語になっているものが多いから、覚えやすいんじゃないかな。

**run**
走る

**sun**
太陽

**fun**
楽しい

**plug**
プラグ

**bug**
虫

**mug**
マグカップ

**cut**
切る

**nuts**
ナッツ

**shut**
閉める

**jump**
ジャンプ

**dump**
すてる

**bump**
こぶ

**summer**
夏

**under**
下

**number**
数字

動画でチェック

## くらい「あ」uのフォニックス

uは「う」じゃなくて、くらい「あ」のことが多いよ。

あ
くらい
「あ」

い

う

え

お

● じつは日本語の「あいうえお」の「あ」は、[ʌ] の音に一番似ています。できるだけ口や舌を緊張させないで、いつものようにサクッと「あ」と言うと、じょうずな [ʌ] になりますよ。

# くらい「あ」：o oo ou

 ふだんよく使う言葉のなかには、o って書くのに、くらい「あ」って読むものが多いんだ。

そのとおり！　ちなみに、oo で「あ」と読むのは、flood と blood だけだよ。

でも…

ou で あ（くらい） なんて

覚えられるんだろうか

country　カントリー
couple　カップル
cousin　カズン
southern　サザン
young　ヤング
など

もうカタカナで知ってる言葉が多いよ！

enough
tough
rough

あとは「あふ」

あふ…

 o も ou も、くらい「あ」って発音するのは、身近な単語が多いね。

**month**

月

**Monday**

月曜日

**color**

色

**company**

会社

**flood**

こうずい

**blood**

血

**double**

ダブル

**touch**

さわる

**trouble**

トラブル

## 動画でチェック

くらい「あ」
o,oo,ou

### くらい「あ」o,oo,ou のフォニックス

o, o, ou で、くらい「あ」になる言葉、じつはけっこう
カタカナの言葉になってるよ！

● o で、くらい「あ」になる単語は、done, cover, govern, dozen, wonder, wonderful, tongue, compass, glove, shovel, honey, oven, among, above など。

● color はアメリカ式のつづりで、イギリスでは colour って書きます。このように、英語は国によって発音がちがうだけでなく、スペリングや表現がちがうこともあります。

● また、famous や humorous のように、ou にアクセントがないときには、もっとくらくてあいまいな「あ」の音 [ə] になります。

---

done（終わった）／ cover（カバーする）／ govern（治める）／ dozen（ダース）／ wonder（おどろく）／ wonderful（すばらしい）／ tongue（舌）／ compass（コンパス）／ glove（手ぶくろ）／ shovel（スコップ）／ honey（ハチミツ）／ oven（オーブン）／ among（～の中で）／ above（～の上に）、famous（有名な）／ humorous（ユーモアのある）

あ
くらい
「あ」

い

う

え

お

# あかるい「あ」と、くらい「あ」のちがい

[ æ ] と [ ʌ ]

## staff と stuff の発音 ★★★

あかるい「あ」と、くらい「あ」は、どうちがうの?

ポイントは2つ! まずは、口の形!
あかるい「あ」a は、口をしっかり開けるけど、くらい「あ」u は、口のまわりをリラックスさせて、あんまり開けないんだ。

あかるい
**a**

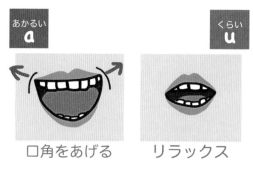

口角をあげる

くらい
**u**

リラックス

bag  bug

たしかにほっぺたがちがう!

口の形を変えるだけでも、音にちがいは出るけど、もっとはっきりちがいを出したいときは、音の長さを変えるといいよ。

# st**a**ff st**u**ff

ちょっとだけ
**長めに**

サクッと
**短めに**

 じゃあ、あかるい「あ」と、くらい「あ」の発音、くらべてみよう！

| あかるい a | くらい u | あかるい a | くらい u |

**fan**    **fun**    **mad**    **mud**

**track**    **truck**    **match**    **much**

**ankle**    **uncle**    **batter**    **butter**

 でも、なんか似てるから、まちがえちゃったらどうしよう！

 ちょっとぐらいまちがえても、大丈夫だよ。
たとえば、I want a new bag. を、I want a new bug. ってまちがえて発音しても、
文脈から考えて、だれも「新しい虫がほしい」とは思わないよ。

あ
い
う
え
お

**We have a staff meeting on Monday.**

*「くらいあ」

スタッフミーティングは、月曜にある。

1/3

**Do you know the tracking number?**

トラッキングナンバー（お問いあわせ番号）は、わかりますか？

2/3

**Don't rush when you brush your teeth.**

歯みがきするときは、急がない。

3/3

## 動画でチェック

### staff と stuff の発音

あかるい「あ」と、くらい「あ」の発音、くらべてみよう！

28

● 英語は、発音記号どおりにきちんと発音しなければ通じない、と思っている人は多いですが、実際は、すこしぐらい発音がまちがっていても、前後の文脈や、文法、声のトーンなどで、ちゃんと通じます。文章で意思を伝えようとするかぎり、まちがって伝わることはほとんどありません。

大事なのは、英語らしいリズムで話すこと。発音の正確さにこだわるあまり、文章をぶつ切りにして一語ずつ話すと、逆にわかりにくくなってしまいます。

staff と stuff、track と truck などのちがいは、u＝くらい「あ」さえまちがえなければ、ちゃんと通じるので、どんどん話してみましょう。

## travel と trouble の発音 ★★★

 travel と trouble のちがい、わたし、知ってるよ。
あかるい「あ」と、くらい「あ」の音だよね？

 そう。 travel の a は、track と同じ、あかるい「あ」。
trouble の ou は、truck と同じ、くらい「あ」だよ。

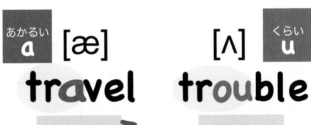

あかるい
a [æ]　　　　[ʌ] u くらい

**travel**　　　**trouble**

ちょっと長めに発音　　　リラックス

それから、travel の vel は、トラベルじゃないんだよね。

 [vəl]（ヴル）って弱く言うんだ。ちがいを出すポイントは V で、無理にくちびるをかまないこと。下くちびるの、ぬれたところとかわいたところのさかいめに、上の歯をちょんと乗せるっていう感じだよ。

上の歯を下くちびるにちょんと乗せて
声を出すと

VVVVV
ってふるえるよ

 くらい「L」といって、舌の先を上の歯のうらがわにつけなくてもいいんだ。「L」というよりは、くらい「う」のような音になるよ。

travel くらいL

舌の場所はどれでもいいよ

vel のつくほかの単語の発音も、練習してみよう。

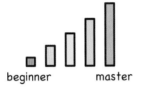 

level　novel

beginner　master

 trouble の ble は、どう発音するの？

 trouble は、bubble や double と発音が似ているよ。ble の最後の L もくらい「L」だから、舌はどこにもつけなくていいんだ。

くらいL　　　　　　　　　くらいL

bubble くらい u double

文章で練習しよう！

Do you like to travel?

旅行するの好き？

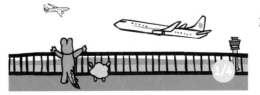

31

# Sorry for the trouble.

ご迷惑おかけしてすみません。
(out of order は「故障中」)

# We like traveling by train.

ぼくたちは、電車で旅行するのが
好き。

# I have trouble waking up in the morning.

ぼく、朝起きるのが苦手。

## 動画でチェック

### travel と trouble の発音

まちがって発音しても、通じる？　travel と trouble。

 とはいえ、travel と trouble の発音は似てるから、まちがえたらどうしよう！

 ためしに、Google Translate（Google 翻訳）の音声入力機能で、わざとまちがえて発音してみたらどうなるか、実験してみたよ。

**実験**

traveling → わざとまちがえたら どうなる？

# We like troubling by train.

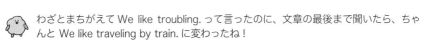

 わざとまちがえて We like troubling. って言ったのに、文章の最後まで聞いたら、ちゃんと We like traveling by train. に変わったね！

音声入力で通じるってことは、人間どうしだったらもっと通じるってこと。みんなも、こまかい発音は心配しないで、どんどん文章で話してみよう！

あ
い
う
え
お

● これまで、たくさんの方から「travel と trouble の発音のちがいを教えてほしい」とリクエストをいただきました。
でも、実際には、travel と trouble を聞きまちがえられるような状況は、ほとんど考えられません。

たとえば、日本語の「カレー」と「彼」。外国人には区別するのがむずかしい単語ですが、「カレーが好き」と「彼が好き」、会話の流れから、私たちが聞きまちがえることってないですよね。

同じように、多少発音がちがっていても、こちらの話す英語はちゃんとネイティブに通じます。くり返しますが、発音の精度を上げようとゆっくり区切って話すよりも、リズムにのって文章で話すことをおすすめします。

# あかるい「あー」
## ar
### [ɑɚ（米）, ɑː（英）]

## 発音のしかた

日本語で「あー」って発音すると、最後まで口が開いたままになるよね。でも、英語の ar は、r のときに、口がほとんど閉まりかかって、小さくなっているのがポイントだよ。

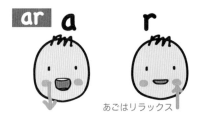

あごはリラックス

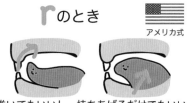

r のとき

アメリカ式

巻いてもいいし、持ちあげるだけでもいい

ar の発音は、まず、a で大きく口を開けて「あー」と言い、つぎの r であごをリラックスさせて自然にもどし、口の開きを小さくするよ。

アメリカ式の発音では、r のところで、舌を巻いたり持ちあげたりして、舌の先が口の中でどこにもさわらないようにしてね。

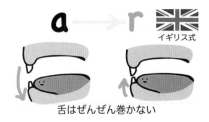

イギリス式

舌はぜんぜん巻かない

口を大きく開けたまま舌を巻くと、くるしいよ

イギリス式の発音では、舌は下あごの中でリラックスさせたまま。舌の先は、下の歯の裏側にくっついているよ。

r で、無理に舌を巻きすぎないようにね。

# あかるい「あー」：ar ★★★

 あかるい「あー」の発音は、カンタンだね！

**car**
車

**far**
遠い

**art**
アート

**park**
公園

**dark**
くらい

**shark**
サメ

**arm**
うで

**card**
トランプ

**March**
3月

あ
あかるい「あー」

い

う

え

お

ar の言葉は、日本語みたいに「あー」って発音しても、だいたい通じるんだけど、前に w がくるときだけは、「うぉー」となることがあるので、注意してね。

 STAR WARS は、たしかに「スターワーズ」とは言わないね。

 ハリー・ポッターが通っていたホグワーツ魔法魔術学校 Hogwarts も、どちらかといえば、「ホグウォーツ」って言うよ！

## 動画でチェック

  **あかるい「あー」ar のフォニックス**

あかるい「あー」は、かんたん！

# くらい「あー」
# ur ir er or ear

[ɚ（米）,ɜː（英）]

## 発音のしかた

多くの日本人が苦手な発音、girl, world, first, birthday, word, third, heard, hurt などの母音は、じつはぜんぶ同じ、くらい「あー」の音なんだ。
口を大きく開けずに「あー」と言おう。アメリカでは、舌をかるく巻いて r の音を強調するけど、イギリスでは、まったく舌を持ちあげないで、くらく「あー」と言うだけ。舌は、無理に巻かないでね。

口は、リラックスして、あまり大きく開けない。

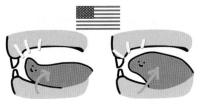

↖ どっちでもいいよ ↗

舌はまん中に持ちあげて、どこにもつかないようにする。巻いてもいいし、巻かなくてもいいよ。

舌は巻きすぎないでね。

イギリス式の発音は、舌をまったく持ちあげないで、下の歯にくっつけたまま、「あ〜」って言うだけだよ。

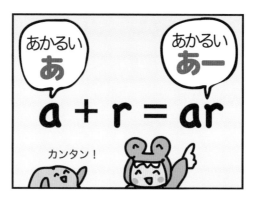

 ur を見ると、やっぱり「うる」とか「うー」って読みたくなっちゃうけど……。

u ＝くらい「あ」、ur ＝くらい「あー」、まとめて覚えちゃうと、カンタンだよ！

**turn**
曲がる

**burn**
焼ける

**hurt**
痛い

**nurse**
看護師

**purse**
ハンドバッグ

**purple**
むらさき色

**turtle**
カメ

**surf**
サーフィンする

**Thursday**
木曜日

※ QR コード読みとりのコツ
複数の QR コードが近くにあるときは、読みとりたい QR コード以外のものを指などでかくしてからスマホを近づけると、うまく読みとれます。

あ
くらい
「あー」

い

う

え

お

動画でチェック

### くらい「あー」ur のフォニックス

くらい「あ」u の音を覚えていたら、ur はかんたん！

### R の発音③ 母音にくっついた R

ir, ur, er は、どう読む？ なんと、ぜんぶ同じ音だよ！

### heart と hurt の発音

口を閉じるのを忘れないで！ らくに heart を発音しよう。

●「R =ラリルレロの音をつくる子音」だと思っている日本の人は多いと思いますが、じつは、母音のうしろにくっついて、「あ〜」という母音のような音になることがあります（ar, ir, ur, er, or, ear など）。

一見ややこしい、音とスペリングの組みあわせ。じつは、フォニックスが得意なのは、こうした音のかたまりです。アメリカの子どもたちも、こういう R は、フォニックスで、母音とセットで覚えます。

R のような、子音なのに、母音のようなはたらきをするアルファベットのことを半母音といいます。

半母音は、R のほかにも
Y（say, money, enjoy など）、
W（law, chew, cow など）、
L（call, full, milk など）
があります。

Y, W, L が半母音としてふくまれる単語は、日本の人が発音をまちがいやすいものが多いです。ぜひフォニックスで、かたまりにして覚えましょう！

● 前ページに出てきた purse は、「（女性用の）さいふ」の意味もありますが、アメリカでは、女の人が持つ小さめのハンドバッグのことを指します。「さいふ」としては、男性用・女性用ともに、wallet をよく使います。

# くらい「あー」: ir

くらい「あー」
い
う
え
お

 ir はとくに「い〜」とか「いぁ」とか読みたくなっちゃうよね。

 ir と ur は、スペリングはちがうけど発音は同じ、くらい「あー」って読むんだ。

 アルファベットの R「あー（る）」と同じ音？

 そうだよ。ur, ir, er は、前の母音（u, i, e）を無視して R の音になる、という意味で、Bossy R（えらそうな R）とも言われるんだ。 日本の人が発音をまちがいやすい言葉が多いから、注意してね。

41

**first**

一番目

**girl**

女の子

**third**

3分の1

**shirt**

シャツ

**skirt**

スカート

**twirl**

くるくる回る

**bird**

鳥

**circle**

まる

**birthday**

たんじょうび

※ QRコード読みとりのコツ
複数の QR コードが近くにあるときは、読みとりたい QR コード以外のものを指などでかくしてからスマホを近づけると、うまく読みとれます。

## 動画でチェック

### くらい「あー」ir のフォニックス

girl も bird も first も、そう言われてみれば同じ音！

### R の発音③　母音にくっついた R

ir, ur, er は、どう読む？　なんと、ぜんぶ同じ音だよ！

### girl と world の発音

苦手な人が多い、girl と world。これで完ぺき！

● first（一番目）や second（二番目）など、「〇番目」をあらわす単語を序数詞と言います。third には三番目という序数詞の意味もありますが、1/3 のように分数もあらわします。だから、2/3 は、two thirds。でも、ふだんよく使う 1/2 と 1/4 は、それぞれ half と quarter なのでご注意ください。

● 子どもの頃、マーチングバンドの先頭でバトンをくるくる回すお姉さんに憧れました。バトントワラーと言うんですが、トワラーって「twirlする（くるくる回す）人」つまり twirler だったんですね。

● だれでも発音するのが苦手な単語ってありますよね。私はずっとsquirrel（リス）を「スクィ〜ル」とごまかしていました。じつは、音節にわけて発音するとかんたん。正解は squir「スクワー」- rel「ロゥ」です。

● ir のつく単語でも、そのうしろに e がつく -ire のつづり（たとえばfire、wire など）があります。この e はサイレント E（発音しない E）で、i を「あぃ」って読んで、「あぃぁ」という音になります（サイレントE の説明は 176 ページを見てくださいね！）。

# くらい「あー」: er ★★★

er は、口はあまり開けないで、あいまいに発音するのがポイントなんだ。英語にはなぜか、この「くらい」音が多いんだよね。たくさん聞いて、耳をならすのも大事かも。でも、気持ちまでくらくしないでね。

**finger**
指

**spider**
クモ

**tiger**
トラ

**hammer**
金づち

**ladder**
はしご

**tower**
タワー

**water**
水

**river**
川

**over**
上に

● er の音は、単語の終わりにくると弱い音になることが多いですが、perfect, verb, serve, term などでは、アクセントがあります。

**動画でチェック**

### くらい「あー」er のフォニックス

一番カンタンな、くらい「あー」はこれ。

### R の発音③　母音にくっついた R

ir, ur, er は、どう読む？　なんと、ぜんぶ同じ音だよ！

# くらい「あー」：ear

 ear は、だいたい「いぁ」って発音することが多いけど、なかには、くらい「あー」の音になる単語もあるんだ。

**earth**
地球

**early**
早い

**earn**
かせぐ

**heard**
聞いた

**learn**
習う

**search**
さがす

## 動画でチェック

### くらい「あー」ear のフォニックス

ear は、くらい「あー」って読むことがあるよ。

● ear が「いぁ」になるか、くらい「あー」になるか、残念ながら法則性はありません。アリー、ファジーと一緒に、がんばって覚えましょう！

● heart（心臓）は ear の例外で、car と同じ、あかるい「あ」の音になります。

あ
くらい
「あー」

い

う

え

お

45

# あかるい「あー」と くらい「あー」のちがい

[ɑɚ (米) , ɑː (英) ] と [ ɚ (米) , ɜː (英) ]

## heart と hurt の発音

 わたし知ってるよ！ ハート（heart）は、あかるい「あー」の音だよね。

 そう、見た目がややこしいけど、car や far と同じ、あかるい「あー」なんだ。

あかるい あー ar

heart （同じ音だよ）

car far

 heart の発音がじょうずにできない、という人は、じつは、舌の位置を気にしすぎて、口を閉じるのを忘れてることが多いよ。

 え？ 口を閉じるのを忘れてる？

日本語の
あー
マイカー

カー

あごは
開けたまま
ロック

 日本語の「あー」は口を開けたまま発音するけど、英語の ar は、r のときに口が小さくなるのがポイントなんだ。

**ar**

car

英語は **r** であごを
リラックスさせる

a　　　r

 もし口を閉じるのを忘れると、heart って言うときの r と t で舌が苦しくなっちゃうよ。

ハー(ト)　**heart**

r　　　t

 ar ＝あかるい「あー」の言葉、練習してみよう！

art　　　start

heart　　　fart

47

hurt の ur が、くらい「あー」の音になるのは、覚えてるよね？
いろんなスペリングがあるけど、音はぜんぶ同じだよ。

earth 🌍　bird 🐦　thirty 30
learn 📖　word 　thirteen 13
first 🐤　world 🌍　Thursday
月火水木金土日

 つぎは、ar と ur をくらべてみよう！

 heart  hurt　 star  stir

 far  fur　 hard  heard

 でも、音がちょっと似てるから、まちがえちゃったらどうしよう。

 じゃあ、どういうときにこういう言葉を使うのか、実際に聞いて確かめてみよう！

# My back ____.

hearts ? hurts ?

1/4

腰が痛い。

あ

# It's raining ____.

hard ? heard ?

い

2/4

雨が強く降っている。

# Is it ____ from here?

far ? fur ?

う

え

お

3/4

ここから遠い？

## Don't forget to ____ the stew.

star ? stir ?

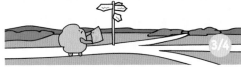

4/4

シチューをかき混ぜるの、忘れないで。

答え：1.hurts　2.hard　3.far　4.stir

腰を痛そうにしている（hurt）のに、「腰がハート♡」（heart）とは言わないよね。

 そう。音が似ている単語でも、意味はずいぶんちがうから、実際の会話でまちがえることはほとんどないよ。ちょっとぐらい発音をまちがえても、ちゃんと通じるから、安心してね。

動画でチェック

### heart と hurt の発音

口を閉じるのを忘れないで！　らくに heart を発音しよう。

Come on! は、「おいおい」のように、ツッコミを入れるときに使えるよ。

## work と walk の発音 ★★★

🐑 ねえアリー、work と walk って、どっちも「ウォーク」って読むの？

🐸 じつは、だいたい、ar ＝あかるい「あー」、or ＝「おー」なんだけど、w にくっつくときは、逆さまになるんだ。

🐑 え？　逆さま？

🐑 war で「ウォー」、wor でくらい「ワー」になるんだね。

🐸 work の発音が苦手な人は、were に k を足した感じをイメージすると、舌を巻きすぎないで、らくに発音できるよ。

 あったかいっていう warm を、「ワーム」ってまちがえちゃうと、イモムシになっちゃうね。

 じゃあ、walk はどうやって発音するの？

 発音しないんだったら、書かないほうがいいなぁ……。

 walk の発音はカンタン！　舌はぜんぜん巻かないで、口をたてに開けて「ウォーク」って言うだけだよ。

口をたてに開くだけ

 それから職業の言いかたで or がつくときも、くらい「あー」の音になるよ。

**動画でチェック**

**work と walk の発音**

W がつく単語は、発音に注意してね！

あ

い

う

え

お

# みんなが苦手な girl と world は 同じ発音だった

## girl と world の発音 ★★★

ねえアリー、boy の発音はカンタンなのに、girl はむずかしいよね。

girl の発音は、g-ir-l ってわけるとわかりやすいよ。

グ / くらい あー / くらい L（る）

あ、そうだった！ ir はくらい「あー」の音だった。

くらい あー

first
bird
shirt

最後の L は、くらい L って言われるあいまいな音で、舌は上の歯のうらにつけても、つけなくても、どっちでもいいよ。

girl くらいL

舌はつけても、つけなくてもいい

 じゃあ、world はどう発音するの？

 じつは、world の -orl- と、girl の -irl は同じ音だよ。

くらい
あー → work

になるんだった！　word

worm

 そうだった、そうだった！　じゃあ、world は、最後に d をつけるだけだね。

 そのとおり！　それじゃあ、girl と world が入った文章を練習してみよう。

**文章で練習しよう！**

# Who's that girl?

あの女の子は誰？

# It's a small world.

世間はせまい。

# I want to travel around the world.

わたしは世界中を旅行したい。

# That girl broke the world record.

あの女の子は世界記録を破った。

動画でチェック

## girl と world の発音

苦手な人が多い、girl と world。これでもう完ぺき！

# みんなが知ってる
# くらい「あー」の言葉

 みんながよく使うカタカナの言葉には、くらい「あー」の言葉がいっぱいあるんだ。

バーガー
**b_ _ger**

ターキー
**t_ _key**

カーテン
**c_ _tain**

ファーニチャー
**f_ _niture**

カール
**c_ _l**

リターン
**ret_ _n**

 なんと、ぜんぶ ur の言葉なんだって！

答え：burger, turkey, curtain, furniture, curl, return

# or なのに、くらい「あー」？

## いろんな職業の言いかた

 英語の動詞に er をつけると、その仕事をしている人、っていう意味になるよ。

sing（歌う）- singer（歌手）
write（書く）- writer（作家・記者）
play（プレーする）- player （選手）
paint（塗る）- painter（塗装工・画家）
drive（運転する）- driver（運転手）
manage（管理する）– manager（支配人・部長など）

 こんなふうに、ぜんぶ er だったららくなんだけど、or がつく職業も多いんだ。
この or も、くらい「あー」の音だよ。

actor（俳優）　　　　　　　mayor（市長・町長）

doctor（医者）　　　　　　　governor（知事）

author（著者）　　　　　　　narrator（ナレーター）

director（取締役・監督など）　editor（編集者）

conductor（車掌・指揮者）　　operator（技師・オペレーター）

professor（教授）　　　　　　administrator（管理者）

counselor（カウンセラー）　　supervisor（監督者）

 or がつくのは、なんかむずかしそうな仕事が多いね。

 er か or、覚えられるかな……

 まちがえちゃっても、オートコレクト（自動修正機能）があるから大丈夫だよ！

 ……それでいいの？

 アメリカの学校では「現代は、手書きの文字を使ってコミュニケーションすることは
ほとんどない。携帯電話やコンピューターで文章を書くから、もしまちがえていても、
コンピューターが直してくれる」って、以前ほどスペリングテストを重視しないよう
になってきているんですよね。先生によっては、筆記体も教えません。

 ちなみに er、or 以外にも、職業をあらわす言いかたがあるよ。

-man
chairman （議長、会長）
spokesman （スポークスマン）
fireman （消防士）
postman （郵便配達人）
policeman （警察官）

-ist
dentist （歯科医）
pianist （ピアニスト）
pharmacist （薬剤師）
therapist （セラピスト）
receptionist （受付係）

-ress
waitress （ウェイトレス）
actress （女優）

 最近は、職業名に男女差をなくした、chairperson、spokesperson、firefighter、mail carrier、police officer、という言いかたが広まっています。女性であっても waitress ではなく、waiter （ウェイター）と言う人も多いです。

 ちなみに actress は女優さんにしか使えないけど、actor は男女どちらにも使えるよ。

-ian
electrician （電気技師）
politician （政治家）
optician （眼鏡屋さん）
librarian （司書）
musician （音楽家）
magician （手品師）

-ant
accountant （会計士）
civil servant （公務員）
flight attendant （客室乗務員）
shop assistant （店員）

 office worker っていう言いかたもあるけど、もっと具体的にどんな仕事をやっているか、たとえば、I work in sales.（営業です）のように、仕事の内容を言うことが多いよ。

 会社の名前を言うときには、I work for（会社名）.　か、I work at（会社名）. のように言います。

 ところで、ファジーは大きくなったらなにになりたいの？

 ハチ！

 あっ、そう……

クリスマスには、はちみつあげるよ！

# 「あい」

## i ie igh y

[ɑɪ]

## 発音のしかた

「あい」は、音節（音のかたまり）を意識して、「あ～い」と、ひとかたまりに
つなげて発音するのがポイント。
たとえば、time を「タ・イ・ム」、light を「ラ・イ・ト」、sky を「ス・カ・イ」
のように、「あ」と「い」を区切って発音してしまうと、英語が通じにくくな
るから注意してね。

音の**高さ**と**強さ**に
注意してね

**あ**

**い**

「あ」と発音しながら、なめらかに「い」の口に移行してみよう。「あ」
の音は「い」よりも長く、大きめで、高い音だよ。
それから「あ」から「い」に移行するときの、音程の変化にも注意
してね。
あわてて発音しなくても大丈夫。最初はゆっくり「あ～い」とつな
げて練習してみよう。

# 「あぃ」：i ie

63

どうして、i を「あぃ」って言うのが大事なの？

 たとえば、日本語のスマイルは「ス・マ・イ・ル」って 4 つの音でできてるけど、英語では、smile は 1 音節、つまり 1 つの音って考えるんだ。カタカナ風に発音すると、うまく英語が通じないときがあるんだよ。

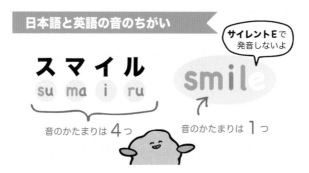

 英語は、見た目よりも、音のかたまりが少ないんだね。

 i を「あぃ」って読むのは、最後にサイレント E（発音しない E）がつく単語が多いよ。176 ページに、サイレント E についてまとめたので、チェックしてね。

| | | | |
|---|---|---|---|
| **white** 白い | **write** 書く | **smile** ほほえむ | **life** いのち |
| **hide** かくれる | **slide** すべる | **pie** パイ | **tie** むすぶ |

**lie**
うそ

 動画でチェック

## 「あぃ」i, ie のフォニックス

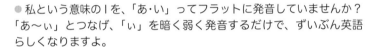

「あぃ」はひとまとめに！

● 私という意味の I を、「あ・い」ってフラットに発音していませんか？「あ〜ぃ」とつなげ、「ぃ」を暗く弱く発音するだけで、ずいぶん英語らしくなりますよ。

● 一番かんたんな英語のあいさつ "Hi!"。日本の人はこれを、ついつい「はい！」とフラットに短く発音しがちですが、実際は「は〜」と声が高いところからスタートして、「ぃ」まで下がり続けます。

● 北欧家具メーカー IKEA（イケア）や、ベルギーのチョコレートGODIVA（ゴディバ）は、i を「あぃ」と発音する英語圏では「アィケア」、「ゴダィヴァ」と呼ばれています。

日本語名はスウェーデンやベルギー本国の読みかたにならったもので、まちがいではないのですが、英語圏では通じないので、ご注意ください。

# 「あぃ」：igh

発音しないんなら
書かないほうがいいな〜

gh って書くけど、読まないで、ただの i「あぃ」みたいに読むんだね。どうして発音しないのに、gh って書くの？

じつは、大昔は gh も発音してたんだ（痰がからんだときに、のどの奥をカーッってするけど、そんな感じの、のどの奥から出す強い息の音だよ）。
英語の発音が時代とともに変わって、gh を発音しなくなったんだけど、書きかただけは昔のままなんだ。

**light**
光

**night**
夜

**flight**
フライト

**high**
高い

**thigh**
ふともも

**fight**
けんか

**bright**
あかるい

**tight**
きつい

## right
正しい

**動画でチェック**

### 「あぃ」igh のフォニックス

gh は発音しないよ！

● flight を「フ・ラ・イ・ト」って言ってませんか？ igh もひとまとめで「あぃ」と発音してくださいね。

● 英語の母音の発音は、西暦 1400 年から 1700 年ぐらいにかけて、大きく変化したことがわかっています（たとえば、それ以前のイギリス人は、see を「セー」、moon を「モーン」、と言っていたそうです）。これは The Great Vowel Shift と呼ばれているのですが、同じ頃に、gh も発音されなくなりました。

● gh を読まなくなったのなら、書かないようにすればいいのに、と思う人は多いと思いますが、じつは、この頃からイギリスで活版印刷が始まりました。それで、発音はどんどん変わっていくのに、つづりは昔のまま印刷で残ってしまったんです。英語のスペリングがややこしいのは、こんな歴史的な理由があったんですね。

● ほとんどなくなってしまった gh の音、じつは、今もスコットランドに残っています。ネッシーで有名なネス湖は Loch Ness と書くのですが、この loch の ch が gh の音です（のどの奥から息を出して言う k のような音）。

## 「あい」：y

 y は yarn（毛糸）you（あなた）yo-yo（ヨーヨー）のように、子音になることもあるけど、じつは、母音として読むことのほうが多いんだ。

 子音にも母音にもなるって、y は変わってるね。

 y は半母音って言われるんだ。あと「いー」って発音するときもあるよ。

**sky**
空

**fly**
飛ぶ

**spy**
スパイ

**shy**
シャイ

**cry**
泣く

**dry**
かわかす

**why**
どうして

**try**
やってみる

## July

7月

## 「あぃ」y のフォニックス

y なのに「あぃ」！

● y を「あぃ」と読むのは、単語の終わりのときだけではありません。cycle, dynamic, typhoon, hyphen, psychology, python なども「あぃ」と読みます。

● y は、もともと紀元前 1 世紀に、ギリシアからラテン語に入ってきた外国の文字で、そのために今もスペイン語やフランス語では、y のことを「ギリシアの i」といいます。

cycle（周期）／ dynamic（ダイナミックな）／ typhoon（台風）／ hyphen（ハイフン）／ psychology（心理学）／ python（ニシキヘビ）

あ
「あぃ」

い

う

え

お

日本の人がまちがえやすいフォニックスは、これ！

# 「あぅ」
## ou　ow
### [aʊ, aʊ]

## 発音のしかた

音節（音のかたまり）を意識して、「あぅ」と、ひとかたまりにつなげて発音しよう。
out を「ア・ウ・ト」、house を「ハ・ウ・ス」のように、「あ」と「う」をわけて発音しないでね。

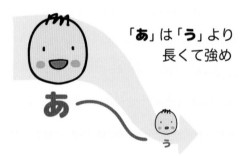

「**あ**」は「**う**」より
長くて強め

大きな口を開けて「あ」と言い、つぎに、口を閉じながら「ぅ」と言うまで、ひとつながりで発音しよう。「あ」の音を「ぅ」よりも 1.5 〜 2 倍くらい長めに発音すると、英語らしくなるよ。それから「あ」から「ぅ」に移行するときの、音程の変化にも注意してみよう。

## 「あぅ」：ou

 ローマ字だったら ou は「おう」なのに、英語では「あぅ」なの？　「おぅ」とは読まないの？

70

じつは、ou の読みかたは、いっぱいあるんだ。
「おぅ」って読むこともあるけど、日常生活では、ou ＝「あぅ」と読む言葉が多いよ。
だから、英語のネイティブが、ou を見て最初に思いうかべる音は「あぅ」なんだ。
アメリカの小学校でも、ou はまず「あぅ」って習うよ。
でも、なかにはこんな例外もあって……

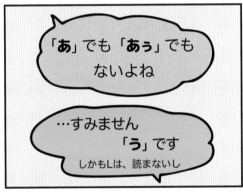

ちなみに、脱出ルートとか、ルート66（66号線）とかのルート（route）はどうなの？

 ぎくっ。たしかに、イギリスでは route はルートって読むね……。でもアメリカでは ラゥトって読む人も多いよ。インターネット通信機器のルーター（router）も、アメ リカでは、ラウターって言うんだ。

 うちのクルマのナビも、目的地に到着すると「ラゥトガイダンスを終わります。（The route guidance is now finished.）」って言うんだけど、「ラゥト」ってなんだろう ……って、しばらくわからなかったわ。

 だから、ou は out の「あぅ」って覚えておいてね！

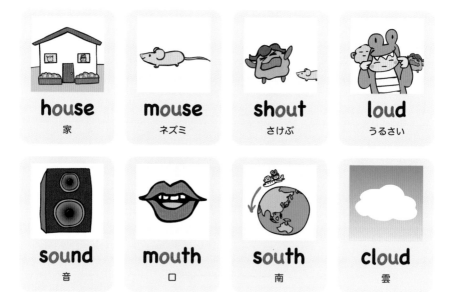

**count**
数える

# 「あぅ」ou のフォニックス

ou は out の「あぅ」！

---

- ou のほかの読みかた
  くらい「あ」：young, country, enough など（けっこう多い）
  「うー」：you, soup, group, through など
  「おー」：bought, thought, sought, fought など（過去形が多い）
  「おぅ」：though, although, dough, soul, boulder など（あまりない）
  「う」：could, should, would （この 3 つだけ）

- ou の読みかたは、1400 年代には「うー」だったのが、だんだん「あぅ」「おぅ」になまっていったようです（igh の解説にも書きましたが、こうした音の変化は The Great Vowel Shift と呼ばれています）。

- 参考までに、ou に r がついて、our になると、読みかたはさらに複雑になるので、1 つずつ覚えるほうがらくです。

くらい「あー」：journal, journey, humo(u)r, glamo(u)r*
*u が入るのはイギリス式のスペリングです。
あわー：our, hour, devour
おー：course, court, source, pour
うぁ：your, tour
うー：bourgeois

---

young（若い）／country（国）／enough（十分な）／you（あなた）／soup（スープ）／group（グループ）／through（〜を通って）／bought（買った）／thought（考えた）／sought（さがした）／fought（たたかった）／though（だけど）／although（だが）／dough（パン生地）／soul（たましい）／boulder（まる石）／could（できた）／should（すべき）／would（だろう）

journal（日記）／journey（旅）／humo(u)r（ユーモア）／glamo(u)r*（魅力）／our（私たちの）／hour（時間）／devour（ガツガツ食べる）／course（コース）／court（裁判所）／source（源）／your（あなたの）／pour（そそぐ）／tour（ツアー）／bourgeois（有産階級）

# 「あぅ」：ow

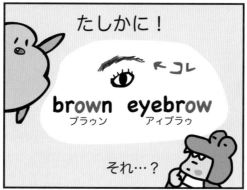

 日本では、なぜか眉毛のことを、「アイブロウ」って言うけど、「アイブラゥ」が正しい言いかただよ。

 すっかりだまされてました……。

## 動画でチェック

  **「あぅ」ow のフォニックス**

ow は down の「あぅ」！

---

**cow**
うし

**now**
今

**bow**
おじぎ

**owl**
フクロウ

**down**
下に

**town**
まち

**crown**
かんむり

**frown**
まゆをひそめる

**towel**
タオル

● bow は 2 つの読みかたがあります（なぜ!?と思う気持ち、わかります。英語って理不尽ですよね）。
「バゥ」でおじぎ、「ボゥ」で蝶々結びや、弓の意味になります（rainbow の bow ですね）。

● crown はかんむりですが、clown はピエロのこと。

● 漫画などで使う「パンパン！」というピストルの音は、英語では、POW POW！（パウパウ！）と書きます（ちなみに「ピュンピュン！」という光線銃の音は、 ZAP ZAP!）。

# 「い」

i

[I]

## 発音のしかた

短い「い」の音。日本語の「い」と「え」の中間のような音だよ。

○ い

× い〜

無理に口を横に
引っぱらなくても
いいよ

リラックスした状態で、短く「い」と言ってみよう。

## 「い」：i ★★★

 これは、ローマ字みたいに「い」って読むだけだから、かんたんだね！

i＝い

いえ〜！

やったー

そう。最初はむずかしく考えないで、とにかく「い」って言ってみよう。口はあまり横に引っぱらないで、リラックスして言えばいいよ。

**pig**
ブタ

**big**
大きい

**wig**
かつら

**ship**
船

**sit**
座る

**click**
クリックする

**trip**
旅行

**city**
都市

**fill**
いっぱいにする

あ

い
「い」

う

え

お

動画でチェック

## 「い」iのフォニックス

「い」iのフォニックスは、かんたん！

● 東北地方や新潟の方言では、「い」と「え」の音が似ているので、「息」と「駅」、「椅子」と「エス (s)」が同じように聞こえることがあるそうです。じつは、英語の「い（ i ）」もそんな音。

よく使う it も、「イット」というよりは、「い」と「え」の中間の音なんです。口を横に引っぱりすぎると、つぎに紹介する強い「いー」の音になってしまうので、リラックスして発音してみましょう。

● 船 ship は、動詞になると、「ものを配送する」という意味になります。もちろん、船だけでなく、飛行機で送っても宅配便で送っても、shipment になります。

● 旅行 trip には、「なにかにつまずいて転ぶ」という意味もあります。

Chill は、リラックスしている、ものごとに動じないクールなようすをあらわすスラングです。怒っている人に「落ち着いて」と言うときにも使います。

# 「いー」

## ee ea y ey ie ei
### [i]

---

### 発音のしかた

口を横に引っぱって、「いー」と言おう。音は日本語の「いー」とほとんど変わらないよ。

**しっかり口を横に引っぱろう**

「いー」の音が長いのは、しっかり口を横に引っぱるから。
そのぶん、発音するのに時間がかかるからだよ。

---

## 「いー」: ee ★★★

> e と e が並んだら、「えー」って読まないの？

> じつは、英語には「えー」っていう音はないんだよ。それに、e はアルファベットで「いー」って読むから、e が 2 個並んでも「えー」ではなく、「いー」って読んでね、っていうことなんだ。

**three**

3

**sheep**

ヒツジ

**sleep**

寝る

**bee**

ハチ

**tree**

木

**green**

緑

**see**

見る

**week**

1週間

**deep**

深い

動画でチェック

### 「いー」ee のフォニックス

e が 2 つ並んだら、なにがなんでも「いー」！

● アメリカの小学校で最初に習うフォニックスの 1 つが、ee です。e は、もともとアルファベットで「いー」と読むから、とくにわかりやすいのだと思います。日本の子どもたちは、まずローマ字で e =「え」を習いますが、e =「いー」も同じくらい大事だということを、しっかり教えてあげたいです。

● be, we, me, he, she は、e が 1 文字でも「いー」と発音します。ほかにも、female, scene, theme, even, evil も「いー」です。若い人たちのあいだでは、インターネットの meme（ミーム）が大人気です。

● see は、べつに見ようと思わなくても目に入る、見える、というニュアンス。それに対して look は、自分で見ようと思って見ているときに使います。ちなみに、watch は、look よりも長い時間をかけて、なにか（テレビなど）を見るときに使います。

● reentry, reedit, reelect, preexisting のように、接頭辞 re- や pre- などがつく単語は、e が 2 つ並んでいても、音節がちがうので、「いー」とはなりません。

---

reentry（再入場）／ reedit（再編集）／ reelect（再選する）／ preexisting（すでに存在する）

あ

い
「いー」

う

え

お

## 「いー」：ea ★★★

 同じ音なのに、困らないの？

 大丈夫だよ。日本語にも、同音異義語はあるでしょ。たとえば「せいかく（正確）」と「せいかく（性格）」は、同じ音だけど、まちがえることはないよね。

 たしかに、同じ音でも、まちがえないね！

 英語では、同音異義語は homophone（ホモフォン）って言うんだ。本の最後のほう（179 ページ）にまとめておいたから、見てみてね。

● read の ea は現在形では「いー」ですが、過去形では「え」と読みます。1 つで 2 通りの発音になるのは、ズボラなような、便利なような、こういういい加減さが、英語らしい感じがします。

ちなみに、read のように、過去形になっても形の変わらない動詞は、いくつかあります。
bet, wet, let, set, hit, cut, shut, hurt, put, quit, spread, broadcast など（これらの単語は、発音も変わりません）。

---

bet( かける )／ wet （ぬらす）／ let （させる）／ set （置く）／ hit （打つ）／ cut（切る）／ shut （閉じる）／ hurt （傷つける）／ put （置く）／ quit （やめる）／ spread （広げる）／ broadcast （放送する）

## sea
海

## beach
ビーチ

## read
読む

## eat
食べる

## meat
肉

## meal
食事

## easy
かんたん

## team
チーム

## teacher
先生

あ
い
「いー」
う
え
お

**動画でチェック**

### 「いー」 ea のフォニックス

「いー」って読む ea

# 「いー」：y ey

 それから、y は「あい」って発音するときがあるのを、覚えてる？

 は〜い。

| | | | |
|---|---|---|---|
| **baby**<br>赤ちゃん | **very**<br>とても | **happy**<br>うれしい | **puppy**<br>子犬 |
| **candy**<br>あめ | **many**<br>たくさん | **key**<br>カギ | **money**<br>お金 |

valley
谷

動画でチェック

## 「いー」y, ey のフォニックス

money は、マネーじゃなくてマニー！

- ey は，「いー」と読む以外に、they, obey, convey, survey, grey など、「えぃ」と読むときがあります。
そのせいか、あるいはローマ字読みの e（え）につられてか、money をマネー、valley をバレーと読みまちがえる人が多いので、注意してください。
単語の数でいうと、ey は「えぃ」と読む単語より、「いー」と読む単語のほうが多いです。

- 赤ちゃん言葉や、ニックネームは、y か ie の「いー」という音で終わることが多いです。たとえば、blanket（ブランケット）は blankie とか blanky（ブランキー）に。bird は birdie（バーディー）に。

- candy というと、日本語ではアメのことですが、アメリカでは、チョコレートやグミも candy と呼ばれています（イギリスでは、そういうお菓子は sweets というのが一般的です）。

- valley は、けわしい山にはさまれた狭い「谷」というよりも、日本語の「平野」「盆地」のような、平らで広い土地を意味します。だから「シリコンバレー」に「谷」はありません。

あ

い
「いー」

う

え

お

● 英語にも、いろんな方言があります。たとえば、ロンドンの下町なまりのコックニーでは、「いー」の音は「えぃ」と発音します（たとえば、key を「ケィ」と発音します）。
最初は、そこまで音が変わることに驚きましたが、考えてみると、日本語でも「いいじゃん」は「ええやん」になっても通じますよね。

言葉の音は、ふだん人が思っているよりもフレキシブルで、世代や地域によっても変わります。英語を勉強する人が「正しい英語の発音を身につけたい」と思うことは、まちがいではありませんが、英語の発音にはたくさんの正解がある、と知っていると、リラックスして英語を話せるようになりますよ。

## 「いー」: ie ei ★★★

 とりあえず、「いー」と読むときはほとんど ie なんだけど、c のあとにつくときは cei になる、というルールを覚えておくと、らくだよ。

### 動画でチェック

**「いー」ie ／ ei のフォニックス**

「いー」ie は、c にくっつくと cei になるよ。

## piece
ひと切れ

## field
野原

## believe
信じる

## chief
チーフ

## thief
どろぼう

## relief
安心

## ceiling
天井

## receive
受けとる

## deceive
だます

あ

い
「いー」

う

え

お

● chief は、部長、課長、所長など、上役のこと。

● either neither は、イギリスとアメリカで読みかたがちがいます。日本では、アメリカ式に「イーザー」「ニーザー」と教わることが多いですが、イギリスでは、この ei を「あぃ」と読んで「アイザー」「ナイザー」と言います。めんどうだけど、関西弁と標準語のちがいのようなもの、と思うしかありませんね。

● their, weird, foreign, leisure, height, ancient の e と i のスペリングは例外的なので、残念ながらフォニックスではなく、１つずつ音とつづりを覚えるしかありません。がんばりましょう！

# 日本の人がまちがえやすい発音

## money は「マネー」じゃない？ ★★★

 英語では、お金のことマネーって言わないんだね。

 そう。ey で「いー」って読むフォニックス、覚えてるかな？　they（彼ら）とか hey（呼びかけの言葉）は、「えぃ」って読むから、それとまちがえちゃう人が多いんだ。

カタカナの言葉に、だまされ
ないでね！

hock**ey**
ホ**キー**

odyss**ey**
オディ**シー**

Silicon Vall**ey**
シリコン・ヴァリー

## 文章で練習しよう！

**Money doesn't grow on trees.**

お金は木にならないよ。
（だからお金を大事にしよう、の意味）

**I usually put honey on my toast.**

わたしはいつも、トーストに、ハチミ
ツをつけるよ。

**I've lost my keys.**
**Can you help me find them?**

カギをなくしちゃった。
さがすの、手伝ってくれる？

## 動画でチェック

### money はマネーじゃない？

まちがえやすい言葉がいっぱい！ ey で「いー」

# 「いぁ」
## eer　ear

[ɪɚ（米）, ɪə（英）]

## 発音のしかた

音節（音のかたまり）を意識して、「いぁ」と、ひとかたまりにつなげよう。
最後の「ぁ」の音は、くらい音だから、「イア」とか「イヤー」とならないよう、
口を大きく開けすぎないでね。くらい「あー」の音を目指そう！

い　くらい　r
　　あー　　舌は少し
　　　　　　持ちあげる

どっちでもいいよ

アメリカ式は、「い」と言ったあとに舌を持ちあげて、くらい「あー」の音を出すよ。舌は
持ちあげても巻いても、どちらでもいい。

い　くらい　ə
　　あ　　　舌はぜんぜん
　　　　　　巻かないよ

べた〜〜
あ〜

イギリス式だと、舌はリラックスしたまま。「い」と言ったあとに、くらくて弱い「ぁ」と
言うだけだよ。

rの音のときに、舌を無理に
巻きすぎないように。

# 「いぁ」: eer ear

 area を「エ・リ・ア」、clear を「ク・リ・ア」のように、音節を区切って発音していないかな？ 「いぁ」は、ひとかたまりで言うように注意してね。とくに、「ぁ」のときに口を大きく開けすぎないように。「あ」をはっきり言いすぎると、あかるい「あ」になってしまって、音節を区切ったように聞こえてしまうよ。

 イギリス式は、「い」から、くらい「ぁ」に、口の形が変わるだけなんだね。らくちん！

 そうだね。それから、アメリカ式もイギリス式も、「い」は高くて大きな音でスタートするけど、「ぁ」のときは、くらくて、弱くて、低い音になるよ。「い」と「ぁ」の音のコントラストにも注意してね。

**deer**
シカ

**cheer**
応援する

**career**
キャリア

**steer**
運転する

**pioneer**
パイオニア

**volunteer**
ボランティア

**hear**
聞こえる

**tear**
なみだ

**year**
年

**near**
近くに

**beard**
ひげ

**appear**
あらわれる

あ

い
「いぁ」

う

え

お

ear は、「いぁ」のほかに、くらい「あー」の音になることもあるよ。たとえば、hear の過去形 heard がそうだね。

 くらい「あー」もチェックしてみてね。

動画でチェック

## 「いぁ」eer, ear のフォニックス

ear は、「いぁ」って読むときと、くらい「あー」のときがあるよ！

● 飲食店でビールを注文するとき、beer の発音が通じなくて困った、という方が多いと聞きます。もちろん「ビール」ではなくて、「ビァー」のような感じなのですが、ビアガーデンの「ビア」のような感じで、あかるい「あ」で発音すると、通じにくくなってしまいます。「ぁ」は無理に舌を巻かなくてもいいので、口をリラックスさせて、あいまいな、くらい音にするといいですよ。

● career, volunteer, pioneer はアクセントに注意。「キャ」リア、ボ「ラン」ティアになっていませんか？　どれも「いぁ」が一番大きな音になります。

● tear には2つの読みかたがあります。ear を「いぁ」と読むと、「なみだ」。「えぁ」と読むと「やぶる」という意味になります。

● tear のほかに、pear, wear, bear も、「えぁ」と読みます（112 ページを見てくださいね）。

● orienteering は、日本語ではオリエンテーリングと言いますが、英語ではオリエン「ティア」リングです。

● beard は、ヒゲ全般のことを言いますが、鼻の下に生やすのは mustache と言います。ヒゲは hair でもあるので「顔に生えてる毛」という意味で facial hair とも言います。アメリカはヒゲ好きが多いのか、日本よりヒゲを生やしている人が多い！　小学校で、女の子もつけヒゲをつけて学校に行く mustache day があるところも。

# カタカナになってる「いー」の言葉

 みんながよく使うカタカナ言葉には、「いー」の言葉がいっぱいあるよ

## ee

| | | | |
|---|---|---|---|
| スイーツ<br>sweets | チーズ<br>cheese | ハイヒール<br>high heels | スクリーン<br>screen |
| ストリート<br>street | キープ<br>keep | コーヒー<br>coffee | シーソー<br>seesaw |
| フリー<br>free | スピード<br>speed | クイーン<br>queen | シーツ<br>sheets |

## ea

| | | | |
|---|---|---|---|
| シートベルト<br>seat belt | チープ<br>cheap | シーズン<br>season | ヒーター<br>heater |
| ピーナッツ<br>peanut | クリーン<br>clean | プリーズ<br>please | ピーチ<br>peach |
| ジーンズ<br>jeans | クリーム<br>cream | リーダー<br>leader | スチーム<br>steam |

 わたしが一番好きなのは、ice cream!

# 「う」

## OO

[ʊ]

リラックスした「う」の音。日本語の「う」と、くらい「あ」の中間のような、あいまいな、短い音だよ。

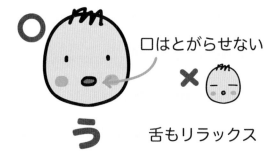

口はとがらせない

舌もリラックス

日本語の「う」よりも、口をリラックスさせて、短く「う」と言ってみよう。

# 「う」：OO

 つぎは、oo「う」の発音だよ。日本語の「う」でも通じるから、気らくに発音してみよう。関西地方では、口をすぼめて「う」を発音する人が多いから、一度鏡でチェックしてみてね。

 口はとがらせなくてもいいんだね！

あ
い
う
「う」
え
お

 そうだった。u は、くらい「あ」の音になるんだった……。

そう。u は、くらい「あ」か「ゆー」って発音することのほうが多いんだよね。みんな覚えてるかな？
oo は、「う」か「うー」っていう音になるんだ。これは基本のフォニックスの１つだよ！

 「う」の発音は、けっこうかんたんだよね！

そうだね。「う (oo)」の発音は、日本語の「う」でも通じるよ。でも、じつはこのフォニックス、もう１つ注意しなきゃいけない、大事なことがあるんだ。

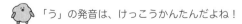

なになに？

 ここで紹介している「う (oo)」がつく単語は、ぜんぶ 1 音節（1 つの音のかたまり）。だけど、日本の人は、「グッ・ド」「ウッ・ド」「ブッ・ク」「クッ・ク」「ルッ・ク」……みたいに、ちっちゃい「ッ」を入れて発音しちゃう人が多いんだ。

 え？　ちっちゃい「ッ」は、なしなの？

 ちっちゃい「ッ」をつけて発音すると、「ッ」の前と後で、音のかたまりが 2 つあるように聞こえちゃうんだ。

 あ、わかった。good は「グー」でしょ！

 おしい！　good は「グー (goo)」とは、ちょっとちがうんだよね。くわしく知りたい人は、この本の終わりのほう（182 ページ）の『ちっちゃい「ッ」は、なし？』で説明しているから、見てみてね。

good
よい

wood
木材

book
本

cook
料理する

look
見る

foot
足

hook
フック

wool
毛糸

## 「う」oo のフォニックス

「う」o が 2 つ並んだら、「う」か「うー」！

● oo の発音は、もともと「おー」だったのですが、「うー」になり、さらに d や k のはれつ音で終わる単語は、発音しやすいように、短く弱い「う」の音に変わったそうです。

● wood や woods には「森」という意味もあります（forest よりは小さい森）。

● foot は片足のこと。両足（複数形）だと feet になります。

● 日本語では羊毛のことを「ウール」とのばして言いますが、英語では短く「ウル」って言ってくださいね。

● 過去形になると、なぜか母音の a が oo になる動詞がいくつかあります（どれも短い「う」の音になります）。

  take – took
  mistake – mistook
  shake – shook
  stand – stood
  understand – understood

● 「あぁ ou」のところ（71 ページ）でも書きましたが、ou を「う」と読むこともあります。
  could, should, would

あ
い
う
「う」
え
お

「うー」

oo

[ u ]

## 発音のしかた

緊張した「う」の音。くちびるをしっかりまるめて、「うー」とのばそう。

口はしっかり
とがらせる

舌はリラックス

くちびるをしっかり緊張させて「うー」と言ってね！

## 「うー」：oo　★★★

 o が 2 つ並ぶのに、どうして「おー」って読まないの？

 じつは、これも大昔は「おー」って読んでたんだけど、あるときだんだん音が変わって「うー」になっちゃったんだって。

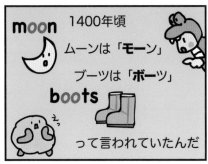

 u も昔は、「う」って読んでたんだけど、くらい「あ」に変わっちゃったんだ。

 昔のままのほうが、よかったね……。

 そのあたりの事情は、67 ページ、73 ページにも出ているよ。

## room
部屋

## school
学校

## pool
プール

## zoo
動物園

## tooth
歯

## root
根っこ

## balloon
ふうせん

## moon
月

## noodle
めん

**動画でチェック**

### 「う」oo のフォニックス

「う」o が２つ並んだら、「う」か「うー」！

100

● igh「あぃ」の発音のところでも説明しましたが、英語の母音の発音が大きく変化した時代があります。oo も、1400 年頃には「おー」の音だったのですが、1500 年頃には「うー」と発音するようになりました。

● ほとんどの「うー」の音は oo ですが、いくつか例外があります。

ou を「うー」と発音する単語：you, soup, group, wound など
ui を「うー」と発音する単語：fruit, juice, cruise, bruise など

でも、ほとんどは oo で「うー」なので、あまり心配しないでくださいね。

● 歯は、1 本だと tooth ですが、何本か（複数形）だと teeth になります。

**oo（うー）の言葉、いくつわかる？**

答え：① roof（屋根）、② spoon（スプーン）、③ boots（ブーツ）、④ school（学校）、⑤ noon（12時）、⑥ broom（ほうき）

# 「ゆー」「うー」
## ew
### [ju, u]

## 発音のしかた

くちびるをしっかりまるめて、「ゆー」または「うー」とのばそう。

口はしっかり
とがらせる

ゆー　うー

単語によって、「ゆー」って発音したり「うー」って発音したりするよ。

## 「ゆー」「うー」：ew

 w がつく母音は、ローマ字とはぜんぜんちがう音になることがあるから、注意してね！

 w がつく母音？

そう言いたい気持ちはわかるよ……。

 ところで、「ゆー」か「うー」、どっちの発音になるかは、どうやってわかるの？

 う～ん、それは1つ1つ覚えるしかないね。
でもじつは、「ゆー」と「うー」どっちでもいい単語もあるよ。

 どっちでもいい単語？

 たとえば new。日本では new は「ニュー」と言うけど、アメリカでは「ヌー」って発音する人もいるんだ。
news も「ヌーズ」というように発音する人もいるよ。

 「ヌー」って言われると、なんか「新しい」感じがしな～い！

**news**
ニュース

**stew**
シチュー

**chew**
かむ

**few**
2、3の

**view**
ながめ

**new**
新しい

**screw**
ねじ

**grew**
成長した

# 「ゆー」「うー」ew のフォニックス

ew は new の「ゆー」か「うー」!

● news は、日本ではニュースって言うけど、英語ではニューズ。[z] で発音する、とされています。ところが、最近アメリカでは、ニュースキャスターでも、ニュー「ス」と、[s] で発音する人が増えています。発音がすこしずつ変化しているようです。

● いやなもの、気持ち悪いものを見てしまったとき、ew と言います (「いぅ」と「エゥ」の中間ような発音)。さしずめ日本語の「ゲッ」という感じ。
思春期の女の子たちは、何にでも「ewwwwww」と言います。

● chew はチューインガムのチュー。

● 過去形になるとなぜか ew になる動詞もあります。

    know – knew
    grow – grew
    blow – blew
    draw – drew
    fly - flew

● ew なのに例外的な発音をするのは sew。ソーイングマシン(ミシン) の「ソゥ」です。
ちなみに、日本語の「ミシン」は、ソーイングマシンの「マシン」がなまってできた言葉だそうです。

● view（ながめ）は、iew で「ゆー」の音になるので、厳密には ew の仲間ではないのですが、まとめて覚えてしまいましょう!

 だから、英語ではふつう、u =「ゆー」で、oo =「うー」なんだ。
（短い音では、u = くらい「あ」で、oo =「う」）

 u =「ゆー」なのは、アルファベットで読むときと同じだね！

105

**blue**
青い

**glue**
のり

**ruler**
じょうぎ

**flu**
インフルエンザ

**clue**
ヒント

**rescue**
救助

**tube**
チューブ

**cube**
立方体

**future**
未来

**動画でチェック**

### 「ゆー」「うー」u ue のフォニックス

u を「う」って読むことは少ないよ。

● ew のところでも説明しましたが、「ゆー」か「うー」、どちらの発音でも大丈夫な単語もあります。たとえば、YouTube の tube は、「チューブ」と発音する人もいれば、「トゥーブ」と発音する人もいます（ほかには、avenue, tune もそう）。

ちなみに、ロンドンの地下鉄は、トンネルが円筒形なので、Tube と呼ばれています。そのほか、実験に使うような試験管、紙筒などの筒状のものも tube と言います。

●「ゆー」と読む u は、use, huge, tune, pure, consume, perfume, refuse, excuse, mature, attitude など、ほんとうにたくさんあります。

● ue も、「うー」なのは、true, blue, glue, clue ぐらいしかありません。やっぱり「ゆー」のほうが多いです。

● 同じ語源を持つ単語で、u が「あ」になったり「ゆー」になったりすることがあります。

study - student
reduce - reduction
number - numerous
assume - assumption

---

use（使う）／ huge（巨大な）／ tune（曲）／ pure（純粋な）／ consume（消費する）／ perfume（香水）／ refuse（ことわる）／ excuse（ゆるす）／ mature（成熟した）／ attitude（態度）

study（勉強する）-student（生徒）／ reduce（減らす）-reduction（減少）number（数字）-numerous（多数の）／ assume（思いこむ）-assumption（仮定）

# 「え」
## e ea
[e]

### 発音のしかた

日本語の「え」と同じ。短い音だよ。

日本語と同じだから
カンタン！

え

むずかしく考えないで、日本語の「え」でOK！

## 「え」：e ea ★★★

 e は、ローマ字みたいでカンタンだね！

 それから、ea は「いー」って発音することがあるの、覚えてるかな？

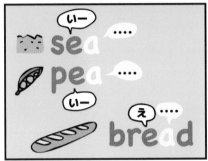

**egg**
たまご

**nest**
巣

**bed**
ベッド

**net**
あみ

**tent**
テント

**wet**
ぬれた

**head**
頭

**heavy**
重い

**feather**
羽

**weather**
天気

**breath**
息

**bread**
パン

● breath は、息をするという動詞 breathe になると、ea を「いー」と発音します。

**動画でチェック**

### 「え」e ea のフォニックス

e と ea の言葉は、発音がかんたん！

## 「あ」のときの口の大きさが大事！

# 「えぁ」
## air are
### [ eɚ (米) , eə (英) ]

### 発音のしかた

音節（音のかたまり）を意識して、「えぁ」と、ひとかたまりにつなげよう。「ぁ」の音は、くらい音だから、「え」よりも 口を大きく開けすぎないのがポイント。くらい「あー」の音を目指そう。

舌を少し巻くか持ちあげる

舌はぜんぜん巻かない

くらい**あー**

エア

え あ ✕

カタカナみたいに「**エア**」っていうと「あ」の口が大きく開きすぎ

「えぁ」の発音は、鏡を見ながら練習してみよう。このとき、舌を巻くか、巻かないかよりも、「ぁ」のときの口の大きさが大事。はっきり発音しようと「ぁ」の口を大きくすると、「え・あ」のように、音節が 2 つに増えたように聞こえてしまうので、口は小さく。

## 「えぁ」: air are ★★★

 「えぁ」の発音をするときは、音節（音のまとまり）に注意してね。
pair, care, share が、「ペ・ア」、「ケ・ア」、「シェ・ア」のように、2 つにわかれてしまっていないかな？

 鏡を見て、チェックしてね！

「えぁ」も
じつはいろんな書きかた
するんだよなぁ

stair　stare

階段

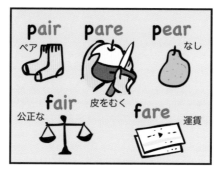

pair　pare　pear
ペア　皮をむく　なし
fair　fare
公正な　運賃

でも一番おもしろいのは

bear　=　bare
くま　はだか

だよね！

## pair
ペア

## chair
いす

## hair
毛

## stairs
階段

## repair
直す

## dairy
乳製品

## rare
めずらしい

## care
世話

## stare
じっと見る

## share
シェアする

## barefoot
はだし

**動画でチェック**

### 「えぁ」air are のフォニックス

「えぁ」はひとかたまりで発音してね。

● 例外的に「えぁ」と読む ear の単語：pear, wear, bear, tear（「やぶる」
という意味のほう。涙という意味の tear は「ティァ」と発音します）

● ハサミや眼鏡を a pair of 〜を使って言うことをご存じの方は多いと
思いますが、ズボン類も、1本でも a pair of jeans などと言います。
なんと、昔は片脚ずつズボンがわかれていたので、その名残だそうです。

● 階段は、ふつう stairs と複数形で言います（段がたくさんあるから）。
ところで、「階段」という言葉は知っていても、「階段をのぼる／おりる」
は英語でなんだっけ、と思ったことありませんか？
単純に go up ／ down the stairs（または、上下の階に行くという意
味で、go upstairs ／ downstairs）なんです。ちょっと拍子抜けじゃ
ないですか？
ちなみに、「階段でころぶ」は、fall down the stairs です。ご注意く
ださい。

● dairy と daily。見た目は似ているけど、発音はちがいます。どちら
も「ディリー」だと思っている人が多いと思いますが、dairy 乳製品（牛
乳、バター、ヨーグルト、チーズ、クリーム）そして卵などのことは、
「デァリー」と言います。

● their ／ there ／ they're……こういうフォニックスのルールにあて
はまらない言葉は、英語圏の子どもたちも、sight words（サイトワー
ド）として、無理やりまる暗記しています。

---

pear（ナシ）／ wear（身につける）／ bear（くま）

# 「えぃ」
# a ai ay eigh
## [eɪ]

## 発音のしかた

a は、ついつい日本語風に「えー」と発音しがち。でも、英語に「えー」という音はないので、「えぃ」と、最後に小さな「ぃ」をつけるのを忘れないようにね。

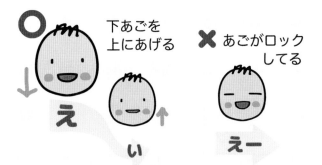

○ 下あごを上にあげる　え　ぃ　✕ あごがロックしてる　えー

「え」と言ったあと、下あごを自然に持ちあげて、口の開きを小さくするよ。
ひとかたまりで「えぃ」と発音してね。

あ
ぃ
う
え
「えぃ」
お

## 「えぃ」：a　⭐⭐⭐

 カタカナ語になった英語の a は、ほとんど「えー」って読むけど、じつは、英語には「えー」っていう音はないんだ。

 最後に、ちっちゃい「ぃ」を忘れないでね！

 あと、サイレント E の言葉が多いよ。

 サイレント E については、176 ページにまとめてあるから、見てみてね！

## same
同じ

## cake
ケーキ

## table
テーブル

## acorn
どんぐり

## safe
安全

## game
ゲーム

## potato
じゃがいも

## space
空間

## alien
宇宙人

あ

い

う

え
「えぃ」

お

**動画でチェック**

### 「えぃ」a のフォニックス

もう、ABC は「エービーシー」って言わない！

● safe は、「安全」という意味から、「金庫」のことも意味するようになりました。

● potato（じゃがいも）の複数形は potatoes。e を忘れがちなのでご注意。ちなみにこの potato の2個目の t は、アメリカの発音では r や d に聞こえるくらい、弱くなります（「ポティドゥ」）。アメリカの water の発音が、「ワーラー」に聞こえる人がいるのと同じですね。

● space は、ふつうはスペース（空間）のことですが、宇宙のことも space と言います。
また、動詞になると「間隔をあける」という意味になります。ちょっとひとりにしておいてほしいときは、I need some space. という言いかたが便利です。

● alien は映画「エイリアン」のおかげで、宇宙のおそろしい生物というイメージが一気に広がりました。でも、法律用語として「外国人」という意味もあるので、海外では自分が alien になってしまうということもあります。

● ここでは取りあげませんでしたが、data。アメリカでは、よく知られている「ディタ」のほかに、「ダータ」という読みかたをする人もいます。

# 「えぃ」：ai ay

あ〜、ei ね。じつは、eigh って書いて「えぃ」って読む以外で、ei =「えぃ」は、すごくめずらしいんだよ。

 ……最初の a だけ読むの？

**wait**

まつ

**rain**

雨

**snail**

カタツムリ

**train**

電車

**paint**

絵の具

**mail**

手紙

**day**

昼

**say**

言う

**play**

遊ぶ

**pay**

払う

**way**

道すじ

**stay**

そのままでいる

動画でチェック

## 「えぃ」ai ay のフォニックス

「えー」じゃなくて「えぃ」！

● ei で「えぃ」と発音するのは、eigh のフォニックス以外では、veil, vein, rein, reign, reindeer, freight などしかありません。

● they, obey, convey, survey は、ey での「えぃ」。ローマ字読みから類推できて、かんたんですよね。

● ちなみに、色彩のグレーは、イギリスでは grey ですが、アメリカでは gray と書くほうが多いそうです。

● aye は「えぃ」ではなくて、例外的に「あぃ」と読みます。昔風の言いかたの yes で、「アイアイサー」の「アイ」はこれ。

●「絵」というと、英語では painting と drawing という 2 つの言いかたがあります。
「絵を描く」と言うときも、絵の具で色を塗る paint なのか、鉛筆やペンなど線で描く draw なのか、使いわけがあります。
ちなみに、painter と言うと、家の内壁や外壁を塗る人のことで、かならずしも画家や芸術家ではありません。

● say の過去形は said ですが、この ai も例外で、「えぃ」じゃなくて「え」と読みます。

● 会話で No way!! と言うと、「ぜったいイヤ！」「まさか！」の意味です。

---

veil（ベール）／ vein（血管）／ rein（たづな）／ reign（統治する）／ reindeer（トナカイ）／ freight（貨物）
they（彼ら、それら）／ obey（したがう）／ convey（運ぶ）／ survey（調査する）

あ

い

う

**え**
「えぃ」

お

# 「えぃ」: eigh ⭐⭐⭐

 また、しゃべらない「gh」きたよ〜。

 eigh がつく言葉は少ないから、かんたんだよ。

 よかったー！

**eight**
8

**neigh**
ヒヒ〜ン

**neighbor**
ご近所さん

**weigh**
量る

**weight**
重さ

**sleigh**
そり

## 「えぃ」eigh のフォニックス

発音しない gh の言葉だよ！

● eight の発音で、とにかく有名な例外が、height（高さ）。これだけは、なぜか「ハィト」なんです。

● 馬の鳴き声、英語圏の人には「ネ〜ィ！」って聞こえるらしいんですが、どう思います？
ちなみに、ほかの動物はこんな感じです。

犬：woof　　　　　　　　　　豚：oink
猫：meow　　　　　　　　　　羊：baa
ニワトリ：cock-a-doodle-doo　　ネズミ：squeak
鳥：chirp, tweet　　　　　　　カエル：ribbit
牛：moo

● neighbor はアメリカ式の書きかた。イギリス式は neighbour です。
「ネィ・バ〜」のたった 2 音節なのに、イギリス式で書くときはめんどくさい！

あ
い
う
え
「えぃ」
お

アジアじゃなくて
**Asia**
**エィジア** だよ！

# 「お」

## o

## [ɑ (米) , ɒ (英)]

---

## 発音のしかた

アメリカでは「あ」に近い音で発音する人もいるけど、イギリスでは、日本語の「お」に近い音で発音する人が多いよ。むずかしく考えないで、日本語の「お」でも大丈夫。口をリラックスして、大きく下あごを下げよう。

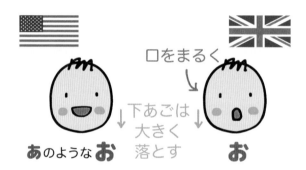

口をまるく

↓下あごは↓
大きく
落とす

あのような**お**　　**お**

アメリカ式の発音は、日本語の「お」ほど、口をまるめないのがポイント。下あごを大きく下げて、そのまま口をまるくしないで発音すると、「あ」と「お」の中間のような音になるよ。

---

## 「お」： o

 ローマ字みたいに読んでも通じるよ。

 「お」の発音も、カンタンだね！

**dog**
犬

**frog**
カエル

**top**
上

**hop**
ぴょんととぶ

**hot**
あつい

**stop**
とまる

**box**
はこ

**socks**
くつした

**clock**
時計

# 「お」o のフォニックス

日本語の「お」でも大丈夫だよ！

● 「お」のフォニックスで紹介している o の単語、日本では、アメリカ式に［ɑ］「あ」と読む、と説明されていることがよくあります（たとえば、hot coffee =「ハット・カフィー」、body =「バディー」のように発音するなど）。

でも、今回紹介した o の単語は、イギリス式の発音では、もともと日本語の「お」に近い音で発音されています。アメリカ式の発音が、世界的に見て一番多いわけではありません。

英語の母音の音は、地域、時代、世代によって、フレキシブルに変化するものです。だから「ハット・カフィー（hot coffee）」のようなアメリカの一部のなまりを、日本の人が無理にまねる必要はないと思います。

「お」のフォニックスは、日本語の「お」で発音しても十分に通じるので、リラックスして、自分のらくな方法で発音してみてください。

● お正月に遊ぶ「こま」ですが、これも top と言います。

● 靴下が片方だけは、もちろん sock です。あたりまえといえばあたりまえですが、「靴下＝ソックス」と覚えていると「ソック」ってちょっと新鮮じゃないですか？（ちなみに「快速特急」の「速」のように、1 音節で発音します）

● 17 ページのあかるい「あ」のところでも書きましたが、quality, quarrel, quantity などの qua は「クォ」、want, wasp, watch, wash の wa は「ウォ」のように、「お」で発音します。

---

quality（品質）／ quarrel（口げんか）／ quantity（量）／ want（ほしい）／ wasp（スズメバチ）／ watch（見る）／ wash（洗う）

# 「おー」
## or au aw

[ ɔ˞ (米：orの発音) , ɔː ]

## 発音のしかた

口をまるめて、のどの奥のほうから、音をひびかせるように「おー」と言おう。

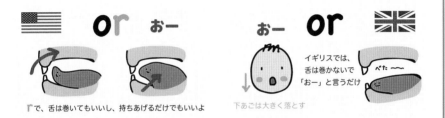

or の r は、アメリカ式に舌を巻いても、イギリス式に巻かなくても、どちらでもいいよ。
（舌を巻きすぎないように注意）

au と aw は、ローマ字から想像して「あぅ」と読みたくなるけど、「おー」だから、まちがえないでね。

あ
い
う
え
**お**
「おー」

127

# 「おー」: or

 アメリカでは、or の r は舌を巻いたり持ちあげたりするけど、イギリスでは、ただ「おー」って言うだけなんだ。

 イギリス式はらくだね〜。

## fork
フォーク

## corn
とうもろこし

## born
生まれた

## north
北

## storm
あらし

## force
ちから

## horse
馬

## sports
スポーツ

## shorts
半ズボン

## 動画でチェック

### 「おー」or のフォニックス

舌は無理に巻かなくてもいいよ！

● or の音ですが、アメリカでも舌は巻かないという人もいます（どちらかというと舌をうしろに引く・盛りあげる感じ）。大事なのは、巻きすぎない、舌の先頭が歯や歯茎につかない、ということ。舌を巻きすぎると、音がこもって聞きとりにくくなってしまいます。

● イギリスではまったく舌を巻かないので、more は「モー」、door は「ドー」です。

● storm というと、台風のような暴風雨をイメージしますが、強い風が吹くだけ、またはちょっと雨脚が強いだけでも storm と言います。

● 日本でショーツと言うと、なぜか女性用の下着を意味しますが、shorts はただの短パンのこと（ズボンの類は複数形の s がつきます）。

Got it ！は、「わかった」「了解」
という意味。

## 「おー」：au

or が「おー」なのは わかる

でも au と aw は どうなのよ

おー
au
aw

あぅ
ou
ow

おかしいでしょ
コレ！

¯\\_(ツ)_/¯

そういうときに
便利な emoji が
コレ！

orz...

 ローマ字で「あ」と「お」を書くと、a と o だけど、英語では、逆さまみたい。

 どうしてかわからないけど、そういうふうに音が変わっちゃったんだよね。きっと、そのうちなれるよ！
ちなみにフランス語では au は「お」って読むんだよ。

**sauce**
ソース

**audio**
音声

**pause**
一時停止

**August**
8月

**author**
作者

**autumn**
秋

**launch**
発射

**laundry**
せんたくもの

**haunted**
おばけの出る

**動画でチェック**

### 「おー」au のフォニックス

ローンチ（launch）を「ラウンチ」って読んでない？

● au や aw は、舌を巻かずに、「おー」とのばすだけです。

● ロケットの打ち上げ以外に、新製品、新発売や、新サービス開始ということきによく使われるビジネス用語が launch。「ローンチ」と発音自体はむずかしくないのに、ローマ字に引っぱられて「ラウンチ」や「ラーンチ」とまちがえる人が多いです。ご注意ください。

● augh で「おー」になる言葉
caught, taught, naughty, daughter

---

caught（つかまえた）／ taught（教えた）／ naughty（いたずらな）／ daughter（娘）

## 「おー」： aw ★★★

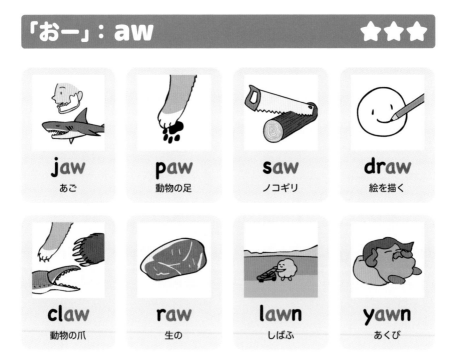

| | | | |
|---|---|---|---|
| **jaw** あご | **paw** 動物の足 | **saw** ノコギリ | **draw** 絵を描く |
| **claw** 動物の爪 | **raw** 生の | **lawn** しばふ | **yawn** あくび |

## straw
ストロー

動画でチェック

### 「おー」aw のフォニックス

aw で「おー」って知ってた？

あ
い
う
え
お
「おー」

● claw は動物のかぎ爪をあらわす言葉。猫やタカの爪はわかるのですが、カニのハサミも claw なんです。

● draw には、ものを引っぱる、とか、くじを引くという意味もあります。

● aw がつく言葉でも、away とか awake のように a-way、a-wake と音節がわかれるときはあてはまりません。

● そのほかにも、過去形が ought で終わり、「おー」の音になる動詞があります。

buy - bought
bring - brought
think - thought
fight - fought

いろんな gh のつく言葉、186 ページにまとめておきました。

buy（買う）-bought ／ bring（持ってくる）-brought
think（思う）-thought ／ fight（戦う）-fought

# 「おー(る)」
## all
### [ɔːl]

じつは、all の前半の「おー」の音は、au や aw の音と同じ。
うしろの L「(る)」は、Dark L（くらい L）と言われる音で、舌は、上の歯のうらにつけても、つけなくてもいいよ。

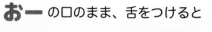

口をリラックスして、大きく下あごを下げて「おー」と言ったあと、口を閉じるときに、舌を少し持ちあげるよ。そのとき、舌の先は、上の歯のうらにつけてもいいし、つけないで、適当に浮かせておくだけでもいいよ。

口を大きく開けたままで、Ｌの舌を上の歯のうらにつけようとすると、舌がいたくなっちゃうから、Ｌを言うときには、口の開きを小さくするのを忘れないでね。

## くらい L の発音のしかた

舌を、前歯の根元につけるか、適当に浮かせる

**どちらでもいいよ！**

くらい L は、弱くあいまいな音だよ。

## 「おー⁽ る⁾」：all

 もう、だまされないわ！

 ちなみに、音節のはじめにある L（like, lot, late など）は、ちゃんと舌を上の歯の うらにつけて発音するけど、音節の終わりにある L は、舌をつけてもつけなくても、 どちらでも言いやすいほうでいいんだよ。

 やったー！

**動画でチェック**

### 「おー⁽ る⁾」 all のフォニックス

all の LL は舌をつけなくてもいいよ！

135

## ball
ボール

## wall
かべ

## call
電話する

## fall
落ちる

## tall
背が高い

## small
小さい

## all
ぜんぶ

## almost
あとちょっと

## always
いつも

● all は、アメリカの小学校でも、最初のうちに習う基本のフォニックスです。all の「おー」の音は、au, aw の「おー」と同じ音です。LL は、日本語の「る」のように発音するわけではありませんが、舌を上の歯のうらにつけたときの音に近いので、( ) つきで表記しています。
音声をよく聞いて、まねしてみてください。

● 落ちる、という意味の fall ですが、アメリカでは秋のことを fall と言います。秋になると葉っぱがたくさん落ちるから、なんだとか。おもしろいですよね。ちなみに、イギリスでは、秋は autumn と言います。また、fall には、転ぶ、という意味もあります。

●「あ〜惜しい！　あともうすこし！」というときの声援には、Almost!がぴったり。

● al- で「おー」と発音する言葉：
also, altogether, already, bald, false など
talk, walk, chalk の L は発音しないで「おー」になりますが、
salt の a は短い「お」で、L は発音します。

●「発車オーライ！」の「オーライ」は、ほんとうは all right が正しい書きかただそうですが、alright もじわじわ浸透してきています。

● 英語って、au や aw のように、a がつくのに「お」の音になる単語が多いです（逆に、owl や out のように ow や ou が「あぅ」になることも）。

● all がつくといっても、actually や usually のような -ally で終わるような副詞は、-al-ly と音節がわかれて、「くらい あ」+「りー」と読みます。

● alone や alarm のように a- で音節がわかれる言葉や、album、alcohol などの例外的な言葉は、「あ」+L の発音です。

---

also（また）／ altogether（全体で）／ already（すでに）／ bald（はげた）／ false（まちがった）
talk（話す）／ walk（歩く）／ chalk（チョーク）／ salt（塩）
actually（じつは）／ usually（いつもは）
alone（ひとりで）／ alarm（アラーム）／ album（アルバム）／ alcohol（アルコール）

# 「おぃ」
## oi oy
### [ɔɪ]

## 発音のしかた

「お」のあとに、軽く「ぃ」をつけるだけ。音節のまとまりに気をつけよう！

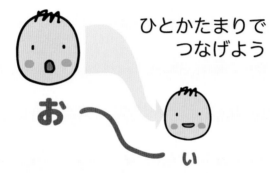

ひとかたまりで
つなげよう

お

ぃ

「ボー・イ」「ポ・イ・ン・ト」「ノ・イ・ズ」のように、音を区切って読まないように、「お」から「ぃ」まで、つなげて発音しよう。

## 動画でチェック

### 「おぃ」oi oy のフォニックス

y は、i みたいに読むことがあるよ。

# 「おぃ」: oi oy

 イギリスの下町では、日本語と同じように、誰かを呼びとめて怒るときや、びっくりしたときに「おぃ！」って言うんだ。アメリカでは Hey! なんだけど。
イギリスと関係の深いオーストラリア、ニュージーランド、南アフリカでも使うみたいだよ。

「おぃ！」なんて言われたら、ドキッとしちゃうね。

## coin
コイン

## boil
ゆでる

## point
指さす

## noise
雑音

## voice
声

## join
加わる

## boy
男の子

## toy
おもちゃ

## enjoy
楽しむ

● oi は、かならずしも「おいっ！」と短く言わなくてもよいですが、「ノ・イ・ズ」のように「お」「ぃ」をわけて発音しないように。ここで紹介している単語は、enjoy 以外はすべて 1 音節なので、1 つのまとまりとして発音してみてください。

● boil は、沸騰する、お湯を沸かす、ぐらぐら煮たてるという意味もあります。ちなみに弱火でコトコト煮るときには simmer と言います。

● join は、なにかの仲間に入るというほかに、ものをつなぐ、という意味もあります。

## 「おー」じゃなくて「おぅ」！

# 「おぅ」
## o oa ow
### [oʊ]

### 発音のしかた

note「ノート」、coat「コート」、snow「スノー」など、カタカナ語の言いかたにつられて、ついつい「おー」と言いがちだけど、これらは、「おぅ」が正しい発音だよ。

## なめらかに音をつなげよう

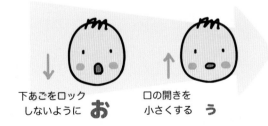

下あごをロック　　　　　口の開きを
しないように　**お**　　　小さくする　**ぅ**

「お」のあとに、小さく「ぅ」をつなげよう。「おー」と口を開けたままにしないで、口を小さく閉じるのがポイント。

## 「おぅ」：o ★★★

 「おー」だと思っていたけど、ほんとうは「おぅ」って読む言葉は、いっぱいあるよ。たとえば、oh, no, go, so, hello, home, ocean, sofa, それから、tomato, potato（終わりの o）もそう。

 たしかに Go! も「ゴー！」じゃなくて、「ゴゥ！」のほうが、英語らしいよね。「おぅ」って、ていねいに読むだけで、すごく発音がうまくなったような気になるね。

あ
い
う
え

お
「おぅ」

I don't know. の発音がどんなにじょうずでも、それよりは、なまっていてもいいから、なにか自分のアイデアを言えたほうがいいよね。

**note**
メモ

**nose**
鼻

**code**
プログラム

**stove**
コンロ

**smoke**
けむり

**open**
開く

**bone**
骨

**ghost**
おばけ

**go**
行く

あ
い
う
え
**お**
「おぅ」

動画でチェック

### 「おぅ」o のフォニックス

「おー」じゃなくて「おぅ」!

● note は、短い文章やメモのこと（いわゆる帳面や大学ノートは、notebook）。
また、note には音符という意味もあります。有名なジャズクラブの「ブルーノート」の意味は、「青いノート」ではなく、ジャズやブルースで使う音階のことだったんですね……。

● code は、コンピュータのプログラムのこと。近頃、子どもの早期教育として coding（コンピュータ・プログラミング）が注目されています。ちなみに、電気のコードは cord、ギターのコードは chord（どちらも「おー」）。

● まちがえやすい英語の 1 つが、stove。ガスや電気の調理器具のことなんです。いわゆる暖房器具の「ストーブ」は、英語では heater と言います。

# 「おぅ」：oa

 これは、a がくっついてるけど、o しか発音しないんだね。

 そう。たとえば、toast も、「トースト」じゃなくて、「トゥスト」っていう感じだよ。coat「コート」、road「ロード」、goal「ゴール」のように、カタカナ語になっている言葉がたくさんあるけど、「おー」でなく、ちゃんと「おぅ」って発音するように、気をつけてね！

## 動画でチェック

### 「おぅ」oa のフォニックス
「コート」「ロード」「ゴール」じゃないの !?

## road
道

## soak
ひたす

## soap
石けん

## float
浮かぶ

## boat
ボート

## coat
コート

## coach
コーチ

## goal
ゴール

あ
い
う
え

**お**
「おぅ」

● oa は基本的に「おぅ」なのですが、例外もあります。

soar, roar, abroad, broad, board

これらは、「おぅ」じゃなくて、「おー」と発音します。
でも、本音を言うと、まちがえて発音したってたいしたことないです。
ちゃんと通じます。

---

soar（高く上がる）／roar（ほえる）／abroad（海外で）／broad（広い）／board（板）

# 「おぅ」：ow

 ow で「あぅ」って発音する単語もあるけれど、数で言えば、「おぅ」って発音する単語のほうがずっと多いよ。

 私の好きな ow は、marshmallow（マシュマロゥ）！

**slow**
おそい

**glow**
光る

**yellow**
黄色

**elbow**
ひじ

**narrow**
せまい

**pillow**
まくら

**window**
窓

**snow**
雪

**tomorrow**
明日

## 動画でチェック

### 「おぅ」ow のフォニックス

「おぅ」はひとかたまりで言おう！

146

# 英語の発音
## もっとくわしく

# 英語と日本語の音節のちがい

 英語の発音がじょうずになるには、まず、日本語と英語の音のちがいに気がつくことが大事だよ。たとえば、日本語と英語では、音節の考えかた、つまり音のわけかたが、ちょっとちがうんだ。

 音節？

 うん。日本語だったら、たとえば「かきくけこ」には、「か・き・く・け・こ」という5つの音がある、って思うよね。

かきくけこ
ka ki ku ke ko

子音 母音

日本語は
**子音＋母音**が基本！

 日本語は、だいたい「子音＋母音」で1音節、って考えることが多いよ。

 日本語は、子音と母音でひとまとまり！

 そう。でも英語は、「子音＋母音＋子音」が、音の基本なんだ。

でも英語の音のまとまりは
**子音＋母音＋子音**、が基本なんだ！

子音 母音 子音

はじめの音　　おわりの音

「子音＋母音＋子音」？

たとえば、「ねこ」と「cat」をくらべてみよう。

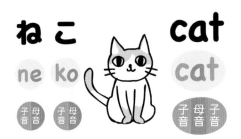

「ね」「こ」は、文字が 2 つで、音も 2 つだよね。

日本語は、ひらがなの数と音の数が、同じなんだね。

でも英語は、「c」「a」「t」と 3 つ字を書くけど、音は 1 つなんだ！

英語は、アルファベットが 3 つなのに、音は 1 つ！

そう。こんなふうに、母音のあとに子音がくっついて、1 つの音になるというところがポイントだよ。

うしろの子音も、いっしょにまとめるんだね。

そうだよ。ときどき、cat って言うとき、最後の T をしっかり発音しようとして、「キャッ・トゥ」って発音する人がいるけど、そういうふうにわけちゃダメだよ。
終わりの T は、「トゥ」って音を出さず、「キャッ」のように、T の位置で舌をストップするようにして息を止めておしまい。T までをまとめて 1 音節なんだ。

 「キャッ」でひとまとめ！「トゥ」って、言わないんだ！

 つぎは、「ドラム」と「drum」をくらべてみよう！

 日本語は、「ド・ラ・ム」っていうように音のかたまりが３つあるのに、英語だと、「drum」で１つの音なんだね。

 そう。drum は、dr+u+m。つまり、母音 u（くらい「あ」）の前に dr が、うしろには m がくっついてひとかたまり。英語はこういうふうに「子音＋母音＋子音」で、音のまとまりをつくるんだ。

150

くっつく子音の数は 1 個とはかぎらないんだね。

 うん。1 つの母音に、もっとたくさん子音がくっつくこともあるよ。
たとえば、体をのばすストレッチは、英語では stretch って書くんだけど、「ス・ト・レ・ッ・チ」じゃなくて、stretch でひとまとまり！

 str+e+tch！ 母音 e（「え」）の前とうしろに、いっぱい子音がくっついてるね！
こんなにいっぱいアルファベットを書くのに、1 つの音なの？

 そういうこと。英語は、日本語とちがって、**文字の数のわりに音は短い**んだ。だから、かならずしも、長い単語（文字数が多い単語）が長い音とはかぎらないんだよ。

 え？ 長い単語は、長い音じゃないの？

 そう。日本語の感覚だと、たくさん文字を書けば書くほど、音が長くなるよね。でも英語では、アルファベット 1 文字 = 1 つの音、じゃないんだ。アルファベットはあくまでも、1 つの音をつくる要素（パーツ）でしかないから、一見、長い単語のようでも、実際の音が短いってことは、よくあるよ。

たとえば、日常よく使う英語の動詞 100 個を見ると、ほとんどが 1 音節なんだよ。

### よく使う動詞 100個のうち

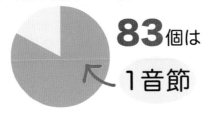

みんな、アルファベットの文字数に気を取られて、音節の数のことは気にしてないことが多いけど、have, like, think も、じつは go と同じ、1 音節なんだよ。

\*終わりの **e** や **gh** は、読まないことが多いよ

 go が 1 音節っていうのはわかるけど、found, bought, thought も 1 音節なんだ。

 そう。like を「ラ・イ・ク」とか、found を「ファ・ウ・ン・ド」のように、音の数を多く読んでしまいがちだから、注意してね。

 でも、どうしたら音節の数がわかるの？

 辞書で調べるのもいいけど、実際の音を聞いて、その単語の中心になっている母音がなにかを、よく考えてみるのも大事だよ。

 中心になる母音？

 英語の音節は、1 つの音節につき、1 個の母音。つまり、母音を中心にして音のかたまりができてる、っていう感じなんだ。
『あいうえおフォニックス』では、音のかたまりがわかりやすい、1 音節の単語をたくさん取りあげているから、まずは、母音の音にフォーカスして、その前とうしろにどんな子音がくっついているか、よく観察してみよう。

 たとえば、a（あかるい「あ」）のフォニックスだったら、a が音の中心っていうこと？

 そういうこと。hat や cat は、a（あかるい「あ」）を中心に、その前とうしろに子音がくっついてる、って考えるとわかりやすいよ（h+a+t, c+a+t）。

152

ちなみに、このときアルファベットが2、3個くっついて1つの母音（中心）になることもあるから、気をつけてね。

たとえば、found は、ou（「あぅ」）が母音で、前に f、うしろに nd がくっついてる、と考えるとわかりやすいよ（f+ou+nd）。

 see (s+ee) とか、wait (w+ai+t) も、アルファベット2文字で1つの母音ね！

 そう。こういうふうに、音のまとまりがわかると、長い単語の発音もかんたんになるし、スペリングもまちがえなくなるよ。

 音節の中心は、母音！

 新しく英語の単語を覚えるときは、どの母音が中心になっているのか、その母音の前とうしろにどういう子音がくっついているのか、って考えると、スペリングと発音がいっぺんに覚えられて、便利だよ！
それに、母音を大きな声ではっきり発音すると、英語も通じやすくなるよ。

 やったー！

**動画でチェック**

## 英語の音節

英語は見た目よりも音が短い？

# 「ジャパニーズ」の発音

 じつは私、「ジャパニーズ」Japanese という言葉の発音が苦手です。
「ジャパン」Japan は問題なく発音できるんだけど、ジャパニーズ Japanese は、なぜか言いにくくて、どこかネイティブの発音とはちがう気がするの。
外国の人に日本のことを話すことも多いから、ちょっと困っているんだけど、どうすればいい？

 なかなかじょうずに発音できない単語は、音節に区切って、どの母音を強調して発音するのか考えると、わかりやすいよ。

 音節に区切る？

 英語が日本語風になまってしまう人は、音節の区切りをまちがえていることが多いんだ。音節の区切りをまちがえると、言葉のリズムが英語風にならないよ。

じゃあ、まず Japanese を音節でわけてみよう。

こんな感じ？

 母音でわけるんだから、「ジャ・パ・ニーズ」じゃない？（最後の e は、サイレント E だから読まないのよね！）

 残念！　正解は……こちら！↗

154

 えっ、「ジャップ・ア・ニーズ」Jap-a-nese なの!?

 そう。「ジャ・パ」というふうには区切らないんだ。pの音までがひとまとまりだよ。
それじゃあ、つぎは「チョコレート」。正しく音節をわけられるかな？

 「チョコレート」なら、かんたん！

 そうじゃないの？

 「チョ・コ」じゃなくて、「チョック・オ」!?

 choc・o・late！ たしかに「タン・タ・タン（♩♪♩）」っていうリズムになってる！

 Choc-o-late の、まん中の o は、シュワ（弱母音）になるから、省略して、「タン・タン（♩♩）」って、2音節で言う人もいるよ。くわしくは 167 ページの『長い単語の読みかた』を見てみてね。
じゃあ最後に、これ！ flower。

 「フラゥ・アー」こう発音すると、たしかに「フラ・ワー」って言うよりも、英語っぽい発音になるね！

 w は子音だけど、o とくっついて ow になると「あぅ」って発音するのは、覚えてるかな？
日本語は母音で音を区切るけど、英語のリズムはこんな感じで「子音＋母音＋子音」で考えてね。

 「子＋母＋子」で 1 セットなのね！

# 英語の音は、漢字に似てる？

 日本語の言葉は母音で音が終わるので、英語のように子音で終わる言葉は、なかなか発音しにくくて、聞きとりにくい、そう思っている人も多いと思います。
たとえば、socks。英語では、ほんとうなら1音節、ひとまとめで発音しなくてはならない単語ですが、日本の人はついつい「ソッ・ク・ス」と 母音をつけ足して発音しがちです。

**音節の数が増えてしまう**

 でも、じつは日本語にも、子音で終わる音があるんです。それは、音読みの漢字です。
たとえば、日本語で「快速特急」と言うときのことを思い出してください。「速」は、sok のように発音していませんか？

「速攻」の「速」や、「即決」の「即」もそう。

アルファベットは、音素をあらわした文字なので、見た目は長くなりがちです。

**アルファベット** 音素を表した文字

**字数が多くなりがち!**

kaisoktokkyu

ながっ!

でも、実際に発音するときには、アルファベット 1 文字ずつを読むのではなく、漢字を読むときのように、アルファベットなん文字かをまとめて、音のかたまりとして発音します。それはちょうど、日本語で「快速特急」と言うときに、「か・い・そ・く・と・っ・きゅ・う」と、ひらがなの音節で考えないで、「快・速・特・急」のように、4 つの音のかたまりで理解しているような感じなのです。

## ○ kai.sok.tok.kyu
### 快　速　特　急
## ✗ 「か・い・そ・く・と・っ・きゅ・う」

英語の音のまとまりは、漢字のまとまりに似ている

英語の 1 音節は、漢字 1 文字分ぐらいのもの。sock の音は「速」や「即」と同じ感じ。そういうふうに考えると、アルファベットの文字数にまどわされないで、英語らしいリズムで発音できますよ。

英語１音節

子母子音音音

sock

漢字１文字

子母子音音音

sok
速

動画でチェック

英語の音は
漢字に似てる？
の巻

## 英語の音は漢字に似てる？

英語の音節は漢字と同じ？

● あなたの名前は、なん音節ですか？

海外の人は、日本の長い名前を発音するのが苦手です。というのも、日本語では、ひらがなにして３文字や４文字の名前はめずらしくありませんが、英語圏では音節の短い名前が多く、長い名前は、１音節や２音節のニックネームにして呼ぶのが一般的だからです。

　William（ウィリアム）→ Bill（ビル）
　Samantha（サマンサ）→ Sam（サム）
　Elizabeth（エリザベス）→ Liz（リズ）、Beth（ベス）
　Benjamin（ベンジャミン）→ Ben（ベン）　など

ちなみに、おとなり中国や韓国では、漢字１文字の姓＋漢字１〜２文字の名前の組み合わせが多いため、３音節までの名前の方が多いです。たとえば、かつて NBA で活躍したヤオ・ミン（姚明）は、姓も名前も１音節、Yao Ming ですし、フィギュアスケートのキム・ヨナ（金妍兒）は Kim Yuna で、姓が１音節、名前は２音節です。
それにくらべると、日本の名前は、姓も名前も音節の数が多いので、外国の人には発音がむずかしいことがあります。電話などで、名前がなかなか通じないのは、音節の数が多いので聞きとりにくいためとお考えください。

# 単語のストレス

 ねえアリー、『あいうえおフォニックス』で習う1音節の短い単語は、発音するのがかんたんだけど、長い単語は、どういうふうに読めばいいの？

 音節の数が多くなると、ついつい、最初から最後まで棒読みで発音しがちなんだけど、英語らしいリズムで発音するには、単語の「ストレス」を知っておくことが大事だよ。

 えっ、ストレス!?　単語にも悩みがあるの？

 いやいや、ストレスと言っても、そういうストレスじゃなくて、**単語のどこを強調して読むか**っていうこと。日本では、「アクセント」とか、「強勢」って言うことが多いけど、英語では「stress（ストレス）」って言うんだ。

たとえば、バナナを日本語で言うときと、「banana」って英語で言うときを、くらべてみよう。

 日本語の「バ・ナ・ナ」の3文字は、どれも同じ強さで発音するよね。

 「バ・ナ・ナ」。そう！

 でも英語では、「banana」のまん中の「a」、つまり、まん中の「ナ」だけ、とくべつに強調して発音するんだ。

 「ナ」だけ、大きな声で発音するの？

 おしい！　「アクセントをつける」って言うと、みんな「大きな声で発音すること」とまちがいがちだけど、じつは、英語のアクセントは、4つの発音のしかたがあるんだ。1つ目は、ストレスのある母音を、**長く発音する**。

161

# banana

## 大事な**母音**は**長く**なる

 まん中の「ナ」だけ長く、「バ・**ナー**・ナ」になってるね。

 2つ目は、ストレスのある母音の音は、<u>高くなったり、低くなったりする</u>。

## 大事な**母音**は**高さ**が変わる

 高くなるのは、なんとなくわかるんだけど、低くなることもあるの?

 うん。ごくたまに、疑問文や、とくに強調したいとき、はじめて聞いた情報に驚いているときなどは、ストレスのところで低くなることもあるよ。

 そうなんだ。

 3つ目は、ストレスのある母音の音を、<u>大きく発音する</u>。

## 大事な**母音**は**大きさ**が変わる

 「バ・ナ・ナ」。これはたぶん、「アクセント」って言われたら、最初に思いつく発音のしかただよね。

そして最後、4つ目は、ストレスのある母音の音を、**はっきり発音する**。

**英語のリズム**

# banana

## 大事な**母音**は**はっきり**発音する

 はっきり発音するの?

 うん。カタカナで書くと、「ブ**ナー**ナ!」っていう感じ。「banana」のまん中のaだけしっかり発音する。ストレスのある音だけ、クリアにしっかり発音して、あとの母音は適当に発音して、コントラストをつけるんだよ。

 適当に発音する?

 そう。つぎに出てくる『長い単語の読みかた』で、「シュワ(schwa)」っていう弱母音(あいまいな母音)について説明するから、そこも読んでみてね。

 はーい。じゃあ、ストレスのある音は、この4つをぜんぶしなくちゃいけないの?

 ぜんぶしなくてもいいんだけど、2音節以上の長い単語を発音するときは、このどれか、もしくは、いくつかを組みあわせて、しっかり大事な母音を強調すると、英語らしく聞こえるよ。

 もし、アクセントをちゃんとつけなかったら、どうなるの?

 アクセントをつけてなかったり、アクセントをまちがえると、英語が通じにくくなってしまうんだ。というのも、英語は、どこにストレスがあるのかというので、単語を聞きわけているからなんだよ。

たとえば、「ホテル(hotel)」。日本の人はついつい「**ホ**・テ・ル」のように、ho にアクセントを置いて発音しがちだけど、英語では、「ホゥ・**テゥ**」のように tel のほうを強調しないと、スムーズに聞きとってもらえないんだ。

 「ホゥ・**テゥ**」。うしろにストレスがあるんだ!

 それから、単語によっては、ストレスをまちがえると、ちがう単語とかんちがいされちゃうこともあるよ。たとえば、「キャリア career(職業・経歴)」って言いたかったのに、「キャ」のほうにストレスを置いて発音すると、「carrier(配達人・運送業者)」になっちゃうんだ。

(carry する人)

 職業の「キャリア」は「reer（リァ）」のほうにストレスがあるんだね。

 そう。だから、どの母音を強調しなきゃいけないのかは、とっても大事なんだ。

 でも、どこにストレスがあるのかは、どうしたらわかるの？　なにかルールがあるの？

 残念だけど、これは1つ1つ覚えていくしかない。まったくルールがないわけではないんだけど、例外も多いから、そんなにあてにできないんだよ。それよりも、新しい単語に出会ったときは、かならず、どこにストレスがあるのか、辞書を引いたり、実際の音を聞いたりして、確認することをおすすめするよ。

 オンラインの辞書だと、クリック1つで発音が聞けるから、便利だよね！

 そうだね！

**動画でチェック**

## 単語のストレス

英単語には、4つのストレスがあるって知ってる？

### I'd like some orange juice.

オレンジジュースをすこしください。

### My luggage has been damaged.

スーツケースがこわれてる！

### Can you take us to Aiueo Hotel?

あいうえおホテルまで、おねがいします。

### Can I use the internet in my room?

お部屋でインターネットは使えますか？

# I want to speak to your manager.

マネージャーを呼んでください。

● カタカナの言葉に引っぱられて、ストレスの位置をまちがえやすい
英単語を集めてみました。

allergy（アレルギーではなくて、アレジー／アルジー）
cocoa（ココアではなくて、コゥコゥ）
coffee（コーヒーではなくて、コフィ／カフィ）
energy（エネルギーではなくて、エナジー）
equal（イコールではなくて、イークォ）
label（ラベルではなくて、レイボゥ）
vitamin（ビタミンではなくて、ヴァイタミン）
image（イメージではなくて、イミジ）
pattern（パターンではなくて、パタン）

新しい単語を覚えるときは、オンラインの英英辞書などで、音声を確
かめるといいですよ。

# 長い単語の読みかた

 『単語のストレス』では、ストレス（アクセント）のある母音の発音のしかたについて説明したけど、ここでは、ストレスのない音をどう発音するか、見てみよう。

 ストレスのない音？

 そう。たとえば、「banana」を発音するときは、「バ・ナ・ナ」じゃなくて、「ブ・ナー・ナ」。まん中の母音は強調するけど、その前とうしろの a は、あかるい「あ」じゃなくて、くらくて弱い音で発音するんだ。

 同じ a なのに、ちがう音になるの？

 そう。このくらくて弱くて、あいまいな音のことを、「シュワ（schwa）」、とか「弱母音」と呼ぶんだ。英単語では、同じアルファベットでも、ストレス（アクセント）がないと、シュワになることが多いよ。

たとえば、「career」で言うと、ストレスがあるのはうしろの「reer（リァ）」だから、前にある a は、はっきり発音しないで、弱い母音になるんだ。

「man」と「woman」をくらべてみると、もっとよくわかるよ。
man は、a にストレスがあるから、あかるい「あ」の音で発音するよね。でも、woman は、wom にストレスがあるから、man は、コントラストをつけるために、シュワになるんだ。

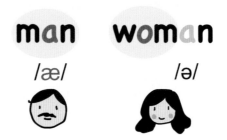

「ウーマン」って言わないんだね。

そう。「fast」と「breakfast」も同じ。fast は a にストレスがあって、あかるい「あ」と発音するけど、ストレスのない breakfast の a は、シュワになるよ。

大事なのはストレスのある音で、あとはサクッと発音すればいい、っていうことね。

これを知っていると、長い単語でも、発音するのがかんたんになるよ。

長い単語?

たとえば、「文字どおり」という意味の「literally」という言葉。日常生活でよく使うんだけど、音節が多くて、なかなか発音がむずかしいんだよね。

でも、この単語の発音で大事なのは、ストレスのある、lit の音節。そこだけしっかりと発音すれば、あとの音節は弱くサクッと発音するのでいい、っていうことなんだ。

 弱母音って、あいまいな音だから、どうやって発音したらいいのかよくわからなかったけど、大事なのはストレスのある音で、それさえはっきり聞こえれば、シュワはどんなふうに発音してもいいのね。

 そのとおり。英語では、日本語より母音のコントラストが大事なんだ。

 じゃあ、単語を覚えるときは、ストレスのあるところもいっぺんに覚えると、発音がじょうずになるってことだね！

＊新しい単語を覚えるときは
ストレスのあるところを
マークするといいよ

 そういうこと！
それじゃあ、ほかにもいくつか、長い単語の読みかたを練習してみよう。
ストレスのある音がちゃんと発音できたら、あとは適当に発音するのでいいよ。

**re·cent·ly**

/ˈri·sənt·li/

＊最近

He recently got a new phone.

彼は、最近新しい携帯電話を買った。

**def·i·nite·ly**

/ˈdef·ə·nət·li/

＊ぜったい

(wanna)
Do you want to try?

Definitely not!

やってみない？　ぜったいやだ。

**par·tic·u·lar·ly**

/pərˈtɪk·jə·lər·li/

＊とくに

This question is
particularly difficult.

この問題は、とくにむずかしい。

**gen·er·al·ly**

/ˈdʒen·ə·rə·li/

＊一般的に

Generally,
women live longer than men.

一般的に、女性のほうが男性より長生きする。

# lit·er·al·ly

/ˈlɪt·ər·ə·li/

*文字どおり

I got a flat tire literally
in front of our house.

まさに、家の前でパンクした。

動画でチェック

アクセントとイントネーション②
literally
particularly
〜長い単語の読み方

## 長い単語の読みかた

literally とか particularly とか、長い単語（副詞）を発音
してみよう！

Seriously? は、「マジで？」と
いう意味で使われます。

# カタカナ英語を卒業しよう
# シュワ（弱母音）の発音

 ねえファジー、英語の母音のなかで一番よく使われるものって、なんだと思う？

 うーん、a かな？　だって、あいうえおでも、アルファベットでも、最初にあるから。

 残念！　一番よく使われる母音は、じつは、シュワ（schwa）なんだ。

 シュワ!?

 そう。『長い単語の読みかた』で説明したね。「あ」のような「お」のような「う」の
ような、くらくて弱い音だよ。発音記号では、[ə] って書くよ。

 「banana」のときの、ストレス（アクセント）がない a の音ね。

 そのとおり。じつは、シュワは、a だけじゃなくて、いろんなアルファベットで書く
ことがあるんだ。たとえば、つぎの単語を読んでみて。

**about** アバウト
**family** ファミリー
え〜
**support** サポート
**student** スチューデント
**history** ヒストリー
おしい！

 うーん、英語をローマ字みたいに発音すると、どうしてもカタカナ英語になっちゃう
よね。
『長い単語の読みかた』でも説明したけど、英単語はストレス（アクセント）を強調
して発音することが大事なんだ。逆に、ストレスのない音は、サクッと発音しなくちゃ
いけないんだ。

**about**
アバウト
じゃなくて

a· **bout**
[əˈbaʊt]

**family**
ファミリー
じゃなくて

**fam**·i·ly
/ˈfæm·ə·li/

**support**
サポート
じゃなくて

sup· **port**
/səˈpɔrt/

**student**
ステューデント
じゃなくて

**stu**·dent
/ˈstu·dənt/

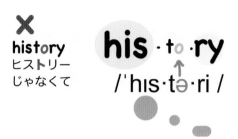

**×**
history
ヒストリー
じゃなくて

his・to・ry
/ˈhɪs・tə・ri/

 たしかに、こういうふうに、シュワをサクッと発音すると、英語らしく聞こえるよね。でも、どこがシュワになるかっていうのは、どうしたらわかるの？

 残念だけど、文字を見ただけじゃ、どこがシュワになるのかわからないんだ。

 やっぱり、そう思ったよ……。

 でも、いいニュースとしては、大事な母音だけアクセントをつけて発音すれば、あとの母音は、はっきり発音しなくても、適当でいい、っていうことなんだ。

 ほんとうに適当でいいの？　やったー！

 それから、前置詞（to, for, of, at, as）みたいに、文章のなかでとくに強調しなくても話が通じるような単語は、シュワで発音することが多いよ。

 前置詞？

 たとえば、two と to の発音、どちらも「トゥー」だと思ってる人が多いよね。でも、ユーロスターのチケットを買いたくて、「パリまでチケット2枚おねがいします。Two tickets to Paris, please.」と言うときは、どう言うかな？
チケットの枚数は大事な情報だから、two はしっかり発音するよね。でも、to は、目的地の Paris が伝わればいいだけだから、軽くサクッと、シュワで発音するんだ。

Two tickets to Paris, please.

「four」と「for」も同じ。数字の four は、会話で重要な情報になることが多いから、しっかり発音するけど、前置詞の for は、ふだんの会話ではシュワで言うことが多いよ。

強調するところだけ強調すれば、あとは、サクッと！

 そういうこと！　じゃあ、文章で練習してみよう。

## 文章で練習しよう！

### Can I borrow your pencil?

えんぴつ借りてもいい？

### It's probably going to snow again.
（gonna）

たぶん、また雪が降るよ。

### We had to wait half an hour for the bus.

30分もバスを待たなきゃ
いけなかった。

## 動画でチェック

**カタカナ英語を卒業しよう！**　**ə** シュワ の発音

### シュワの発音

two と to、four と for の音のちがい、わかるかな？

175

# サイレントE

 サイレント E って、なに？

 e で終わる言葉のとき、
1) 終わりの e は発音しない（だからサイレント E）
2) その前の母音は、アルファベットと同じ発音になる
……っていうルールなんだ。

えい

まずは A

 このとき、前にある母音は a だから、「えぃ」と発音するよ。

 「えー」じゃなくて「えぃ」ね。

| same | cake | safe | take | space |

| game | shake |

 have と、care や share のように are が「えぁ」になる単語は、例外だよ。

 サイレント E の前にくる母音 i も、同じルールで、アルファベットみたいに「あぃ」と読むよ。

hide　slide　life　smile

white　write

 live と give はどうなの？

 ぎくっ。よく気がついたね。それは例外。でも live は形容詞と副詞で「ラィヴ」って読むことがあるから、注意してね。

 は〜い。

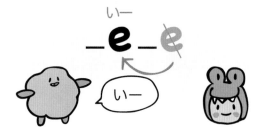

 じつは、_e_e っていう言葉は、あんまり多くないんだ。「いー」っていう音は、だいたい ee だからね。

これ these gene theme

complete extreme

bone code nose note

stove smoke

 かんたん！

 でも、love や lose は例外だよ。

# 同じ音の言葉

 つづりはちがうけど、同じ音で読む言葉を、homophone（ホモフォン）って言うんだ。

 たとえば、see と sea、bear と bare がそうだよね！

 みんなはいくつ知ってるかな？

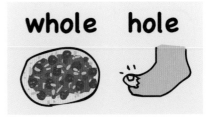

| way | weigh |
|---|---|

| son | sun |
|---|---|

| sew | so |
|---|---|

それで？

| know | no |
|---|---|

I know!

| flower | flour |
|---|---|

| red | read |
|---|---|

| flu | flew |
|---|---|

| rain | reign |
|---|---|

| sail | sale |
|---|---|

SALE
20% OFF

| cereal | serial |
|---|---|

12345-6789 A

**here**  **hear**

**steel**  **steal**

**peak**  **peek**

**toe**  **tow**

 同じ音の言葉は、まだまだいっぱいあるから、みんなもさがしてみてね！

 さがしてみてね！

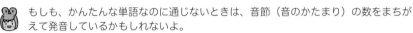

# ちっちゃい「ッ」は、なし？

🐰 もしも、かんたんな単語なのに通じないときは、音節（音のかたまり）の数をまちがえて発音しているかもしれないよ。
たとえば、英語にはちっちゃい「ッ」はないのに、日本の人はついつい「ッ」で音を区切って、音節の数を増やしちゃうことがあるんだよね。

🐣 え？　英語には、ちっちゃい「ッ」はないの？

🐰 そう。たとえば、つぎの単語、読んでみてくれるかな？

🐣 ほんと！　ちっちゃい「ッ」なしで読むと、英語らしく聞こえるね！

🐰 ちっちゃい「ッ」を入れて音を区切ると、「ハッ・ピー」と2音節になって、通じにくくなってしまうよ。
同じように、lucky, apple, up, good なども、ちっちゃい「ッ」を入れずに1音節で発音しよう。

音のかたまりは1つ！

 気のせいなんだ……。

また、good を「グ〜〜！」と言う人もいると思いますが、「グー (goo)」はシールをはがしたあとに残る、ネバネバのこと。

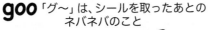

 good の最後の d の音は、「ドゥッ」って息を出さないで、しっかり舌をつけて、「う」の音を止めてくださいね。

ピタッと舌を止めて
息を出さない

ほかにも、よく使うまちがえやすい単語があるね。

## looking
✖ ルッキング
ルキング

## watching
✖ ウォッチング
ウォチング

## setting
✖ セッティング
セティング

## pick up
✖ ピックアップ
ピカプ

**文章で練習しよう!**

## You're looking good!

調子よさそうね。

の言葉は「ツ」が入りがちなので注意してね 1/5

## Are you watching the World Cup?

ワールドカップは見てる?

2/5

184

## I'm getting better at batting!

*battingをバッティングって
言ってないかな？

ぼく、打つのがうまくなってきた。

## I need to pick up my kids at six.

子どもを6時に迎えに行かない
と。

## Don't you think it's getting hotter every year?

毎年暑くなってると思わない？

動画でチェック

英語に
ちっちゃいツは(促音)なし？

## ちっちゃい「ッ」は、なし？

good は「グッド」でも「グー」でもない？

# 集まれ いろんな gh

 まずは「あぃ (igh)」。このとき、gh は発音しなかったよね。

light　night　flight　high　thigh

fight　bright　tight　right

 「えぃ（eigh）」も、gh は発音しないよ。

eight　neigh　neighbor　weigh

weight　sleigh

 augh や ough で「おー」になる単語、覚えてる？
これも、gh は発音しないよ。

caught　taught　naughty　daughter

| bought | brought | thought | fought |

 スペルはよく似ているのに、ちがう読みかたをする言葉もあるよね。
think の過去形　thought は [θɔːt]（ソート）だけど、
それによく似た though は [ðoʊ]（ゾゥ）。

 クッキーやパン生地の「ドウ」も、dough ね。

| though | although | dough |

 あ、ごめん。through は [θruː]（スルー）って発音するよ。

| through |

 知ってる！くらい「あ」（o oo ou のフォニックス）で習った、「あふ」の言葉ね。

**enough**　**rough**　**tough**

 ほかにも、よく使う言葉があるよ。

**laugh**　**cough**

 ちょっと変わった発音になる gh は、ghost（おばけ）。

**ghost**

 このとき、g は発音するんだね。

 スパゲッティ spaghetti のように、英語圏以外から来た言葉もあるよ。
たとえば、ヨーグルトは、アメリカでは yogurt だけど、イギリスでは yoghurt って
書くこともあるんだ。

# おすすめの英語トレーニング方法

## ●英語を聞く量を増やす

YouTube などで、ネイティブが話す動画をたくさん見てみましょう。最初は子ども向けのアニメでもいいです。聞けば聞くだけ英語がじょうずになります。まずはなんでもいいので、自分の好きなものを、英語で検索してみましょう。

## ●わからない単語は、オンラインの英英辞書で調べる

新しい単語を覚えるときは、かならず音声を聞きましょう。単語の微妙な意味のちがいがわからないとき、たとえば、hard と difficult のニュアンスのちがいがわからないときは、そのまま「hard difficult difference」と、ダイレクトに検索してみましょう。

また、言葉ではなかなかわからないイメージが、画像検索でわかることも多いです。たとえば、私は、fuzzy という言葉は「あいまいな、ぼやけた」という意味で覚えていたのですが、子どもたちは「ふわふわ、モコモコ」の意味で使っていました。ぜひ fuzzy を画像検索して、どういう感じの画像が出てくるか見てみてください。

## ●音声入力で、自分の発音を確かめる

Siri や Google 翻訳、Google ドキュメントなどの音声入力を使って、自分の英語が通じるか試してみましょう。このとき注意したいのは、「単語１個」ではなくて「文章」で音声入力すること。よく「〜と言っているのに、ちゃんと変換してもらえないのはなぜ？」という質問をいただくのですが、人間もAI も、単語１個ではなく、文脈で言葉を判断しています。ですから、発音が多少まちがっていても、文章になれば、ちゃんと判断できることが多いのです。

中学生以上なら、英語の教科書の文章をそのまま読んで、どのくらい聞きとってもらえるか、試してみましょう。AI が聞きとれるなら、人間が相手なら、もっと通じるはずです。

## ●英語の本を読むときには、オーディオブックをかけながら読む

自分の目で一文字一文字、意味と文法を考えながら読むのは、疲れるわりに、お話がなかなか進まなくて、途中でいやになりがちです。どんな文章も、音声で聞けば、あっという間。30 分悩みながら苦労して黙読するくらいなら、５分の音声を６回聞きましょう。

# あとがき

日本で英語を学ぶ人の多くは、英語が話せません。これにはいろんな理由があると思いますが、そもそも「帰国子女でもなかったら、ネイティブの英語は聞きとれないし、英語が話せないのはあたりまえ」と思っていませんか？

かく言う私も、東京大学に合格し、卒業の際は英語で論文を書きましたが、実際の英語のコミュニケーション力はひどいものでした。外国の人に道を聞かれても、しどろもどろに答えるのがやっと。初めてイギリスに留学したときも、現地の人の英語はまったく聞きとれません。でも「ネイティブのように英語を話すのは、かなりむずかしいこと」だとあきらめていたんです。

なにかがおかしい、と気がついたのは、幼い子どもたちを連れ、アメリカ・ロサンゼルスで生活するようになってからのこと。アリーは、英語がまったくわからないまま、現地の小学校に入学したので、私はしばらくのあいだ、宿題を一緒に見てあげていました。「さすがに何十年も英語を勉強したのだから、小学生の英語くらい楽勝だろう」。そんな私の思いは、あっさり打ち砕かれました。なんと私は、小学2年生の単語すら正しく読めなかったのです。単語を音節にわける問題にいたっては、まったくお手上げでした。

アメリカでは、first、girl、bird……と、ir のつく単語をまとめて教えています。たしかに、thirsty も dirty も birthday も、ir はぜんぶ同じ音なのに、日本では、一度もそのように習ったことはありません。子どもたちが小学校で習うフォニックスは、私にとって、新しい発見がいっぱいでした。「英語のスペリングは不規則だから、1つずつ覚えるしかない」「英語の発音は、いちいち発音記号を見て覚えるしかない」という、それまでの私の必死の勉強法は、あまりにも無駄が多かったと気づきました。

『あいうえおフォニックス』を立ちあげようと思ったのは、そのときでした。英会話教室に行ったり留学したりする子どもは、フォニックスや英語の音について学ぶことができるけど、そういう機会のない子どもたちにも、『あいうえおフォニックス』で、らくに英語の音のしくみを身につけられるようにしてあげたい。そう思ったのです。

母音の発音を、思いきって「あいうえお」に簡略化したのは、最初に留学した国がイギリスだったことも大きく影響しています。日本ではアメリカの発音ばかりが「正しい発音」として教えられていますが、イギリスでは、それはただの「アメリカなまり」でしかありません。そして、その逆もまた然り。だから、日本語のなまりがあっても、恥じる必要はないのです。単語のストレス（アクセント）にさえ気をつけて発音すれば、十分に会話ができる。単語1つ1つの発音よりも、何を話すかということのほうが大事──このことは、実際にいろいろな国の人たちと英語で話したことがある人なら、わかっていただけると思います。

これまでに、ウェブサイトや YouTube の動画を通して、日本の子どもたちや受験生、英検や TOEIC のために勉強している人、英語の学び直しをする方たちから、たくさんの反響をいただきました。また、英語の先生、留学中の学生さんや、海外駐在員とそのご家族、外資系企業、IT 業界、外交官を目指す人など、実際に英語を使う必要のある方々からのメッセージやリクエストも、数多くいただきました。

今日まで『あいうえおフォニックス』を続けてこられたのは、こうして応援してくださるみなさんのおかげです。みなさんの「いいね」やシェアがなければ、こんなにたくさんの人のもとに届けることはできなかったでしょう。ほんとうに感謝しています。

また、書籍化の機会をくださった KADOKAWA の西雅太郎さん、そして、最初から最後までご尽力くださった豊田たみさん、ありがとうございました。

最後に、アリー、ファジー。いつも私に英語を教えてくれて、ありがとう！これからも、楽しく、一緒にがんばっていこう。

スーパーファジー

# あいうえおフォニックス
## 英語の母音をひらがな5つで完全攻略！

2020 年 3 月 20 日　初版発行
2024 年 12 月 10 日　14 版発行

著者／スーパーファジー

発行者／山下直久

発行／株式会社 KADOKAWA

〒 102-8177　東京都千代田区富士見 2-13-3
電話 0570-002-301 （ナビダイヤル）

印刷・製本／ TOPPAN クロレ株式会社

●お問い合わせ
https://www.kadokawa.co.jp/ （「お問い合わせ」へお進みください）
※内容によっては、お答えできない場合があります。
※サポートは日本国内のみとさせていただきます。
※ Japanese text only

定価はカバーに表示してあります。

編集協力／小山哲太郎 （リブロワークス）
紙面デザイン／風間篤士 （リブロワークス デザイン室）
編集／豊田たみ （KADOKAWA）

※ QR コードについて
カバーおよび本文に掲載している QR コードは、2020 年 3 月 20 日時点のものです。